MARITIME HISTORY SERIES

Series Editor

John B. Hattendorf, *Naval War College*

Volumes Published in this Series

Pietro Martire d'Anghiera, et al.
The history of travayle in the West and East Indies (1577)
Introduction by Thomas R. Adams,
John Carter Brown Library

Willem Ysbrandsz. Bontekoe
Die vier und zwantzigste Schiffahrt (1648)
Introduction by Augustus J. Veenendaal, Jr.,
Instituut voor Nederlandse Geschiedenis, The Hague

Josiah Burchett
A complete history of the most remarkable transactions at sea (1720)
Introduction by John B. Hattendorf,
Naval War College

Alvise Cà da Mosto
Questa e una opera necessaria a tutti li naviga[n]ti (1490)
bound with:
Pietro Martire d'Anghiera
Libretto de tutta la navigatione de Re de Spagna (1504)
Introduction by Felipe Fernández-Armesto,
Oxford University

Martín Cortés
The arte of navigation (1561)
Introduction by D. W. Waters,
National Maritime Museum, Greenwich

John Davis
The seamans secrets (1633)
Introduction by A. N. Ryan,
University of Liverpool

Francisco Faleiro
Tratado del esphera y del arte del marear (1535)
Introduction by Onesimo Almeida,
Brown University

Gemma, Frisius
De principiis astronomiae & cosmographiae (1553)
Introduction by C. A. Davids,
University of Leiden

Tobias Gentleman
Englands way to win wealth, and to employ ships and marriners (1614)
bound with:
Robert Kayll
The trades increase (1615)
and
Dudley Digges
The defence of trade (1615)
and
Edward Sharpe
Britaines busse (1615)
Introduction by John B. Hattendorf,
Naval War College

William Hacke
A collection of original voyages (1699)
Introduction by Glyndwr Williams,
Queen Mary and Westfield College, University of London

*Marine architecture:
or Directions for carrying on a ship from the first laying of the keel
to her actual going to sea* (1739)
Introduction by Brian Lavery,
National Maritime Museum, Greenwich

Pedro de Medina
L'art de naviguer (1554)
Introduction by Carla Rahn Phillips,
University of Minnesota

Thomas Pownall
The administration of the colonies (4th ed., 1768)
Introduction by Daniel A. Baugh, Cornell University,
and Alison Gilbert Olson,
University of Maryland, College Park

*St. Barthélemy and the Swedish West India Company:
A selection of printed documents, 1784-1814*
Introduction by John B. Hattendorf,
Naval War College

John Seller
Practical navigation (1680)
Introduction by Michael Richey,
Royal Institute of Navigation

*Shipbuilding Timber for the British Navy:
Parliamentary papers, 1729-1792*
Introduction by R. J. B. Knight,
National Maritime Museum, Greenwich

Jean Taisnier
A very necessarie and profitable booke concerning navigation (1585?)
Introduction by Uwe Schnall,
Deutsches Schiffahrtsmuseum, Bremerhaven

Lodovico de Varthema
Die ritterlich un[d] lobwirdig Rayss (1515)
Introduction by George Winius,
University of Leiden

Gerrit de Veer
The true and perfect description of three voyages (1609)
Introduction by Stuart M. Frank,
Kendall Whaling Museum

Isaak Vossius
A treatise concerning the motion of the seas and winds (1677)
together with
De motu marium et ventorum (1663)
Introduction by Margaret Deacon,
University of Southampton

Saint Barthélemy and the Swedish West India Company

A Selection of Printed Documents, 1784–1814.

Facsimile Reproductions
With an Introduction by

JOHN B. HATTENDORF
Ernest J. King Professor of Maritime History
Naval War College

Published *for the*
JOHN CARTER BROWN LIBRARY
by
SCHOLARS' FACSIMILES & REPRINTS
DELMAR, NEW YORK
1994

SCHOLARS' FACSIMILES & REPRINTS
ISSN 0161-7729
SERIES ESTABLISHED 1936
VOLUME 488

First Printing 1994

Published by Scholars' Facsimiles & Reprints
Delmar, New York 12054-0344, U.S.A.

New matter in this edition
© 1994 Academic Resources Corporation
All rights reserved.

Printed and made in the United States of America

The publication of this work was assisted by a grant from
the National Endowment for the Humanities,
an agency of the Federal government

Reproduced from copies in,
and with the permission of,
the John Carter Brown Library
at Brown University

∞

The paper used in this publication meets the minimum requirements
of the American National Standard for Permanence of Paper
for Printed Library Materials Z39.48—1984.

Library of Congress Cataloging-in-Publication Data

Saint Barthélemy and the Swedish West India Company :
a selection of printed documents, 1784-1814 :
facsimile reproductions / with an introduction by John B. Hattendorf.
p.   cm. —
(Maritime history series)
(Scholars' Facsimiles & Reprints ; v. 488)
Includes bibliographical references.
ISBN 0-8201-1488-X (alk. paper)

1. Saint-Barthélemy—History—Sources.
2. Svenska västindiska kompaniet—History—Sources.
3. Sweden—Commerce—History—Sources.
4. Saint-Barthélemy—Commerce—History—Sources.
I. Hattendorf, John B.
II. Series: Maritime history series (Delmar, N.Y.)
F2089.S26   1994
972.9'76—dc20   94-28791
CIP

Contents

13
Introduction by John B. Hattendorf

45
Document 1:
Convention between Sweden and France
transferring ownership of St. Barthélemy, 1 July 1784.

61
Document 2:
Royal Proclamation declaring St. Barthélemy a free port, 7 September 1785.

67
Document 3:
Description of St. Barthélemy: Swedish Island in the West Indies
by Sven Dahlman; with a chart of the island, 1786.

107
Document 4:
Royal Proclamation on the coming of unexpected Immigrants
to the island of St. Barthélemy, 2 May 1786.

113
Document 5:
The Swedish government's concession for the Establishment
of a Swedish West India Trading Company, 31 October 1786.

127
Document 6:
The Swedish government's regulation concerning the time citizens
on the Island St. Barthélemy have to look after their requirements
in bankruptcy cases outside Sweden, and likewise also for citizens
here in Sweden, in observing the rights of such parties on
the island in forfeiture, 7 September 1791.

CONTENTS

137
Document 7:
Chart of the channels and outlets between the islands
from St. Barthélemy to Dog and Prickle Pear
from the latest observations by Samuel Fahlberg, 1792.

141
Document 8:
Royal proclamation on court rights which concern the
governors on the island of St. Barthélemy
in official circumstances, 6 September 1797.

147
Document 9:
Chart of the island of St. Barthélemy by Samuel Fahlberg, 1801.

151
Document 10:
Regulations relating to the management on the island
of St. Barthélemy in the West Indies, in justice, police,
and economic matters, 15 October 1805.

163
Document 11:
Royal proclamation on the West India Company's concession
expiring at the end of this year, as well as on West Indian
trade and shipping, 22 May 1805.

169
Document 12:
The Swedish government and the National Board of Commerce
proclamation concerning administration of goods
which in private trade are imported from the West Indies
and North America, 6 May 1806.

CONTENTS

175
Document 13:
The Swedish government's regulations concerning the administration
of the island of St. Barthélemy, 25 September 1811.

195
Document 14:
The Swedish government and the National Board of Commerce
proclamation concerning what will be observed there
on account of residents on the island of St. Barthélemy
sailing to America and the West Indies, 17 February 1814.

203
APPENDIX:
Swedish Trade with Brazil, 1820-21

205
Document 15:
The Swedish government and the National Board of Trade
proclamation concerning customs duties for tea, cinnamon, ginger,
and pepper which are imported into Sweden from Brazil, 1 March 1820.

211
Document 16:
The Swedish government and the National Board of Trade
proclamation concerning customs duties on salt from the
Cape Verde Islands imported by Swedish ships coming from Brazil,
3 July 1821.

Introduction

Sweden acquired the island of Saint Barthélemy[1] from France in 1784 and returned it to her, less than a century later, in 1878. A small island, eleven miles long and two and a half miles wide, it has an area of only eight square miles (21 square km.). Never one of the rich sugar producing plantation islands of the West Indies, its greatest natural assets are its well-sheltered harbor on the island's northeastern coast, and its strategic location, as one of the Windward Island group on the outer arc of the Lesser Antilles, situated some 150 miles north-west of Guadeloupe, lying between St. Maarten to the north and St. Kitts to the south. Today, it is a dependency of Guadeloupe, an overseas *département* of France, in the *arrondissement* of Saint Martin-Saint Barthélemy.

The island is very rocky with rugged terrain dominated by massive *mornes* rising from 500 to 1,000 feet (300 m.). Between them there are valleys, which, despite low rainfall and no streams, are fertile. The vegetation on the island ranges from cactus to dry forests and natural grasslands (*savanes*) with only 10 to 15 percent of the total land area arable or suitable for pasture. Over the years, tropical fruits, cotton, salt, and livestock have been produced, and there are small deposits of zinc and lead.

Sweden's Desire for an American Colony

In the early seventeenth century, Sweden had already established a colony in North America. Named *Nya Sverige* or New Sweden and founded in 1638, it grew to occupy an area along the Delaware River, south of the entrance of the Schuylkill River into the Delaware at present-day Philadelphia. The colony was mainly within the area of the modern state of Delaware, and had its capital at Kristina (renamed Willington in 1731 and then Wilmington in 1739).[2] Overrun by the Dutch in 1655, who in turn lost it to the English with the other Dutch possessions to the northward in 1664.

In other parts of the world, Sweden had chartered trading companies, but none led to any permanent colony. Through the Swedish Africa Company, she briefly held Cabo Corso on the West African coast from 1654, until the Danes seized it in 1658.[3] The Swedish East India

INTRODUCTION

Company, chartered in 1731 with its headquarters in Göteborg, had its factory, Sui-Hong, on the Pearl River near Canton, in the same compound with those of the English, Dutch and other East India Companies.[4]

Sweden's inability to obtain colonies, however, was not for want of ideas. A number of people suggested plans for Swedish colonies during the eighteenth century.[5] Swedish officials considered proposals for a settlement on the West Indian island of Tobago in the years 1695-96, 1702-04, 1726, 1728-29, 1731-34, 1740-41 and 1756; on Madagascar[6] in 1718-21 and 1727-28; on the northern coast of South America[7] on the river Barima at the mouth of the Orinoco in 1728-29, 1732-34 and 1750; on the "Magellan lands" or Patagonia in South America in the years 1744-46; at Agadir on the African coast in 1726; in Guinea in 1758-61; and on Puerto Rico in 1774-78.

It was only after the succession of Gustav III to the throne in 1771 and his assumption of absolute power in the coup of 1772 that these many suggestions began to work their way toward reality. As a person, Gustav was a highly gifted, if a complex and enigmatic, individual, who was often given to fantasy. He wanted to go down in history as one of the great Swedish kings, loved both as a ruler and a person. He saw himself in the model of his predecessors,[8] Gustavus Adolphus [Gustav II Adolf] and Charles XII [Karl XII], and wanted to play a major role at this period in Swedish foreign policy.

With his reign more than a decade old, Gustav found the year 1783 a turning point in his foreign policy, as it was in general European politics. In the same year, England and France signed a peace treaty at Paris, recognizing the new American republic. At the same time, Russia launched a new attack on Turkey to annex the Crimea. This last event led Gustav to think of new plans. Highest among them was his plan to attack Denmark and to seize Norway for Sweden while Russia was preoccupied on her southern borders with contingency plans for a war against Turkey in 1783. Gustav developed a complicated plan, involving the participation of Russia, Austria, Prussia, and France. With this idea in mind, he travelled to Italy to begin promoting his plan. In Italy, Gustav developed a close personal association with the Austrian Emperor Joseph II, his brother Grand Duke Leopold of Tuscany, and their sister, Marie Antoinette, the wife of Louis XVI. These contacts were important, among other things,

INTRODUCTION

for the revival of neo-classicism in Swedish culture,[9] but they also had significance for the story of St. Barthélemy.

At Naples in February 1784, Gustav learned that the Turks had agreed to cede the Crimea to Russia, without the complication of a long war. This removed the basis for Gustav's war plan. Britain, long suspicious of Gustav's plan, took Russia's side. In meetings at Florence and at Rome, the Austrian Emperor, Joseph II, gave Gustav's ideas a chilly reception, emphasizing Austria's long standing anti-Turkish stance. Gustav also found that, in this instance, he could not depend on Prussia's anti-Russian stance. Thus, the actual alignments in European politics all suggested the need for a major revision of Swedish policy, but Gustav was unwilling to change his ideas entirely.

On Easter afternoon in April 1784, Catherine the Great's ambassador, Arcadij Morkov, met with Gustav at St. Peter's Church in Rome for a long discussion. For Russia, the question was whether or not it should trade Denmark's interests to gain Swedish friendship and to prevent the formation of an alliance between France and Turkey. The Russian offered Gustav an alternative: a triple alliance with Russia, Denmark, and Sweden for the control of the Baltic, just as the Bourbon powers of Spain and France controlled the Mediterranean. Gustav was unprepared for this initiative and rejected it.

As these negotiations were in progress, Louis XVI invited Gustav to prolong his European travels and come for a return visit to Versailles, where he had been in 1771 when he learned of his father's death and his own accession to the Swedish throne. Leaving Rome on 19 April 1784, Gustav passed through Venice enroute to Paris, where he arrived at the home of the Swedish Ambassador to France on 7 June.

In Paris, Gustav had hoped to add more weight to his plan to renew Sweden's defensive alliance with France, providing Sweden with a subsidy of some twenty million livres to support his military strategy against Denmark. In his discussions with the French, however, Gustav soon saw that it would be impossible to acquire such a subsidy at that particular moment.[10]

As Gustav began searching for some other basis upon which to confirm an agreement of Franco-Swedish friendship, the topic of the West Indies arose. It was not the first time in Gustav's reign that he had considered this issue. Swedes had already noted how the Danes had made

INTRODUCTION

great profits from their occupation of St. Thomas in the Virgin Islands during the War of American Independence. Some years before, when the Swedish legation secretary in Paris, Erik Magnus Staël von Holstein, fell in love with Germaine Necker, her father, the French banker and finance minister Jacques Necker, would not allow Staël to marry his daughter until he first obtained the rank of full ambassador. Gustav replied that he would only elevate Staël to that position if Staël obtained a West Indian colony for Sweden. The love affair remained unresolved until 1786. Yet, even while Gustav had been preoccupied with his plans against Denmark, Staël had been working on the issue, concentrating in 1783 and 1784 on the island of Tobago.

By the time Gustav reached Paris in 1784, the issue was close to a solution. Staël reported to the King that in 1741, when France had concluded a trade treaty with Sweden, she had obtained warehousing and trading rights in the southern Baltic coastal city of Wismar in Swedish Pomerania. The French had found that by 1784, this trading location was no longer advantageous and they sought, instead, to gain similar rights in Sweden itself, at the western coastal city of Göteborg in the approaches to the Baltic Sea, thinking it a better and nearer outlet to obtain iron and timber. The French minister of the navy, the Marquis de Castries, suggested that in return for these rights Sweden might obtain St. Barthélemy.

From the French point of view, this island, in contrast to the others that had already been suggested, was insignificant and was not located close to the other French islands. At the time, St. Barthélemy had only a hundred or so families, who owned about 400 slaves, and it seemed an island without any particular potential. When Castries made the suggestion, Staël suggested the island of Marie Galante as an alternative, but the French ministers rejected that idea, on the grounds that Marie Galante was too close to other French possessions. In the late 1770s, before British naval successes in 1781-82 in the West Indies reversed the French advantage, the French could afford to give a large island, like Tobago or some other island, to Sweden. But by 1784, France was left with little surplus to exchange.

French statesmen, however, were looking to wider issues when they began to come to terms with Gustav's overtures. They had no sympathy with his war plans against Denmark, but as the American War

INTRODUCTION

was ending, they saw that France was becoming isolated in European politics over its policies toward Turkey. This agreement was a means of tying Sweden to the old alliance system, preventing that isolation.

On 21 May, Gustav III gave Staël full powers to conclude a convention, amending the preliminary commercial treaty of 1741. Staël and the French Foreign Minister, the Comte de Vergennes, signed the new document at Versailles on 1 July 1784, and it was ratified by Gustav, after his return to Stockholm, on 10 August 1784. **[Document 1].** With this agreement, Sweden, obtained a secret subsidy of six million livres and, once again, became a colonial power in America, but she had obtained an island about which she knew very little.

St. Barthélemy up to 1784

The record of the island's early history is episodic and fragmentary. It is unlikely that Columbus could have sighted the island as he sailed along the inner arc of the Lesser Antilles in mid-November 1493 on his second voyage, passing along the southern shores of Nevis, St. Kitts, and St. Eustatius, and there is no clear reference to it in any document relating to the Columbian voyages. Nevertheless, local tradition identifies the name of the island with Columbus's brother, Bartolomeo.

The Spanish seem not to have developed the island during the sixteenth century. In English records, the island is mentioned as early as 2 July 1627, when King Charles I granted it to the Earl of Carlisle,[11] who in turn ordered Colonel William Calvery to make a plantation there, although he failed to do so.[12]

During November 1629, the Spanish attempted to restore their dominion in the area and took the English colony of Nevis and the French and English colonies on St. Christopher's. French and English settlers fought side by side opposing the Spanish, but more than 2,000 eventually returned to England, while some survivors fled to Antigua, Monserrat, and St. Barthélemy.[13]

During the same period, in the years between 1627-31, the Dutch moved into the nearby island of St. Martin and developed salt pans there. In 1633, the Spanish decided to remove the Dutch from that island and sent an expedition across the Atlantic for the purpose. Eleven ships under the command of the Marquis de Cadereyta left Spain on 12 May 1633 and

INTRODUCTION

sailed via the Canary Islands to Antigua. From there, they sailed to St. Barthélemy, where the pilots got into a dispute, thinking that they were on St. Martin. After sailing around the island and pursuing five foreign ships which escaped them, they proceeded on to St. Martin.[14]

In another fleeting reference, when the Dutch fleet under Cornelis Corneliszoon Jol crossed the Atlantic in an attempt to capture the Spanish *flota*, the first of the West Indian islands they sighted was St. Barthélemy.[15]

In 1635, the French West India Company took Martinique and Guadaloupe. In 1648, they made plans to expand further the area of French control in the West Indies. In this second phase, Phillippe de Poincy began by capturing St. Martin, and once that island was secured, he ordered Jacques Le Gendre, with a party of fifty soldiers plus a few planters from St. Christopher, to seize St. Barthélemy. They took the island and began to develop it, but eight years later in 1656, Carib Indians attacked the settlement and burned their plantations of cacao trees. Thereafter, the island lay deserted for three years until 1659 when de Poincy established another colony, and this time it became a permanent settlement.[16]

During this same period, the French West India Company faced bankruptcy and its directors decided to sell its island possessions to the ruling governors. In this case, on 24 May 1651, they sold the island of St. Christopher, along with St. Martin, St. Croix, and St. Barthélemy, for 120,000 *livres* to the Order of Malta.[17] By this sale, the Knights of Malta, to which de Poincy belonged, held the islands in fief from the Crown.[18]

In 1662, Charles II of England gave Letters Patent to Francis, Lord Willoughby, for "the moiety of revenue of the Caribee Islands for seven years," including that from St. Barthélemy.[19] This, too, came to nothing when in 1664 the French West India Company was reorganized and repossessed the islands it had sold. De Sales, governor of all the possessions formerly owned by the Order of Malta, sent Sieur de Guéry to take possession of the islands in the Company's name. After repossessing St. Croix, he moved on and took St. Martin and St. Barthélemy in the following week, without any protest from the local governors.[20]

During the 1670s, English visitors to the island reported that the population remained at about 200-400 people,[21] who raised tobacco and vegetables for use on St. Christopher.[22] During this period, the Gascon privateer, "Montbars the exterminator," was reputed to have made his base on St. Barthélemy, treating all Spanish prisoners with the greatest cruelty.[23]

INTRODUCTION

When war broke out in 1689 between England and France, French settlers from St. Martin and St. Barthélemy attacked the English on Anguilla and attempted to swing that island's support to the cause of James II, installing at the same time an Irish governor. In response to this, Sir Timothy Thornhill attacked St. Martin, St. Barthélemy, and Marie Galante, seizing them for England.[24] At the end of the Nine Year's War in 1697, the Treaty of Rijswick did not specifically name St. Barthélemy among the islands that the English should have returned to France with St. Christopher, although it was clearly implied. However, the English governor of the Leeward Islands, Sir Christopher Codrington, decided not to restore the islands to France without specific orders, since they were used "by poor people to breed cattle in" and, in French hands, all ships passing by "become a prey to the enemy that lurked there."[25]

In 1712, Stephen Duport visited St. Martin and St. Barthélemy and reported:

> There is not on either of them any quantity of land fit for sugar canes, the greatest part being barren land, etc. The French had in peaceable times about 100 families on them, whose chief occupation was to rear stock for provisioning St. Kitts and Martinico. Some cultivated cotton and indigo. These two islands can not be reputed considerable in themselves, but might be of some consequences should they remain in the hands of the French, as a lurking place for privateers etc. and a means of illegal trade.[26]

Nevertheless, Britain returned the island to France at the end of the War of the Spanish Succession in 1714, following the Treaty of Utrecht.[27]

During the War of the Austrian Succession, St. Barthélemy surrendered to an expedition under the British deputy-governor of Anguilla in 1744, but despite the fact that it was temporarily in English hands, British privateers raided the island anyway.[28] Similarly in 1757, during the Seven Year's War, British privateers again attacked the French island.[29]

During the American Revolution, a group of five British privateers captured the island in early 1779, but it was quickly retaken by the French.[30] French forces successfully took St. Vincent and Grenada and, at that time, hoped that they could move on to further conquests in the West

INTRODUCTION

Indies. Swedish diplomats saw these French victories as an opportunity for Sweden, perhaps giving her the chance to obtain from France some island captured from the English. Learning of the capture of St. Vincent, for example, the Swedish ambassador in Paris reported to Stockholm, "It is in this moment that England has all to fear, and Sweden has all to hope."[31]

French hopes for capturing the British West Indies were soon stymied. In command of a large fleet in the West Indies in March 1781, Admiral Sir George Rodney ordered Commander Lawrence Graeme in HMS *Sylph*, 18, to take the island of St. Barthélemy again.[32] This was just one of many moves the Royal Navy made to regain its position, eventually defeating the French at the battle of the Saintes in April 1782. That battle marked the end of French ambitions for expansion in the American war. However, with the peace treaty ending the war, Britain returned the island of St. Barthélemy to France in 1783, and thus, it was very much in the mind of the French court when, not long afterwards, the minister of the navy suggested that it might be passed on to Sweden in exchange for advantageous commercial privileges in the iron and timber trade at Göteborg. Yet the island had its own value, and French Foreign Minister Vergennes put the issues plainly when he wrote to the Marquis de Pons et de Grignols, the French ambassador at Stockholm:

> Elle [Sa Majesté] a consideré qu'en temps de guerre l'isle de St Barthélemy seroit un magazin très utile à sa marine et à ses colonies, et elle n'a pas cru acheter trop cher la certitude d'y trouver des provisions navales dans le temps ou elles sont aussi indispensables aux isles que difficiles à s'y procurer.[33]

However, in the eyes of the French court, the cost of giving away this small, relatively unproductive island as well as paying a six million livre subsidy was worth the value of retaining Sweden within the broader scheme of traditional French foreign policy. Equally important, it improved French access to naval stores, timber, and iron, through the trade and warehousing rights France obtained at Göteborg on Sweden's North Sea coast.

INTRODUCTION

The New Swedish Colony

The Swedish government clearly desired that its new colony would play a role in overseas trade. Swedish trade with the West Indies had begun to be an identifiable factor as early as 1738, when the Swedish Board of Commerce began sporadically to keep separate records on it, showing that tobacco, coffee, sugar, and cotton were the main import items. While few records were kept of exports before 1764, after that date certainly, iron goods and fish were key commodities.

The course of the American War caused wild fluctuations in Swedish trade, but on 3 April 1783, the Swedish ambassador, Count Gustav Philip Creutz, met with Benjamin Franklin in Paris, and Sweden signed a treaty of commerce and friendship with the new American republic, despite King Gustav III's fundamental objections to republican forms of government. In this case, Gustav found himself forced to compromise his ideological views with the practical need to make a commercial arrangement with the United States, following the lead of Louis XVI's France, Sweden's closest ally and financial supporter.

By the treaty with the United States, Sweden became the first country, among those who had been neutral during the 1778-1783 war, to recognize the United States. The treaty provided, among other things, for a fifteen year period of trade with reduced tariffs, on a most favored nation basis, and the assignment of Swedish consuls at Boston and Philadelphia.[34] Coming so closely in time with Sweden's acquisition of St. Barthélemy, this treaty formed part of the larger pattern in Swedish overseas trade.

In early December 1784, the Swedish frigate *Sprengtporten* sailed from Göteborg under the command of Captain Johan Puke, who later during the Napoleonic wars became general-admiral and supreme commander of the Swedish navy. Experienced in North American and West Indian waters, he had served with the French navy in those waters during the American War in 1778-1783. The first Swedish voyage to St. Barthélemy took longer than expected. Leaving Sweden on 4 December, storms in the North Sea and the Channel prevented the ship from sailing from Portsmouth, England, before 2 January 1785. *Sprengtporten* arrived at Martinique on 15 February, and after calling at Guadeloupe and St. Eustatius, reached St. Barthélemy on 6 March 1785. On the following day, de Durat, the French governor of St. Martin and St. Barthélemy, formally

INTRODUCTION

handed over possession of the island to the Swedes and was present as a small group of Swedish soldiers and seamen raised the Swedish flag and proclaimed Baron S. M. von Rajalin the first Swedish commandant and governor.

Meanwhile back in Stockholm, the Swedish government drew up plans for the administration of the island and began to lay out the policies and procedures for the role it would play in Sweden's overseas trade. In the first act, Gustav III issued a proclamation on 7 September 1785, declaring the island a free port **[Document 2]**. Since the island was of little value for producing crops, the only effective way of quickly establishing it as a trading center and attracting foreign vessels was to open it in this way. The Dutch had been notably successful in this at St. Eustatius. During the American war, the Danes had also been successful at St. Thomas, allowing Copenhagen to export six times as much in West Indian than in other products from that port in 1783. Discussions on the issue of making St. Barthélemy a free port had gone on for some time in Stockholm, and there were initially many complications in making this successful, without at the same time incurring the jealousy of foreign powers such as England, France, Spain, the Dutch Republic, and Denmark.[35]

In 1785, two Swedish expeditions sailed for St. Barthélemy and returned with cargos of goods smuggled from the French West Indian islands. While these events were taking place, officials in Stockholm needed to have much more detailed information about the island. The earliest reports came in newspapers. Sven Thunborg, the newly arrived pastor of the Swedish Church, wrote the earliest description on 12 May 1785 in a letter to the priest at the German Church in Karlskrona. The *Upfostrings-sällskapets Tidningar* published it on 25 August 1785. *Götheborgs Allehanda* published a similar, but anonymous report at the same time.

The first detailed information, however, was found in a pamphlet by Sven Dahlman, *Beskrifning om St Barthelemy: Swenskt Ö uti Westindien* (Stockholm: Nordström, 1786) **[Document 3]**. The twenty-eight year old Dahlman was the naval chaplain on board the frigate *Sprengtporten* when she had sailed to St. Barthélemy. After several months stay there, he had returned to Sweden with the ship, and on this return, the fleet commander, Admiral Carl August Ehrensvärd, assigned him the

INTRODUCTION

task of writing a description of the island. Upon completion, it was first published in June 1786 as volume one in the *Upfostrings-sällskapets historiska Bibliotek* (numbers 14-44 for 1786) and then, the publicist Carl Christopher Gjörwell arranged for it to be printed separately, in the edition reproduced here, along with a map of the island.[36]

As more information was appearing, the government began to take further steps to organize and to regulate the trade with the colony and the affairs of the island itself. However, the announcement of the opening of St. Barthélemy as a free port, along with the news of the treaty of friendship and commerce with the United States, created an unexpected effect in Finland: the so called "St. Barthélemy fever."

A rumor began circulating in various parts of Finland where farmers had experienced many years of bad harvests that St. Barthélemy was the promised land and that one could easily find gold there by scratching the ground with a sheath knife. These Finns somehow got the idea that the Swedish government would pay for the cost of travel for those who would emigrate and that they would get many special privileges on their arrival in the island. Masses of people left their homes and swarmed to the coast to find passage. Although none ever reached the West Indies, the King had to issue a proclamation **[Document 4]**, explaining that the new colony could not provide a living to new farmers and that the earlier treaties and proclamation had not been intended to encourage farming but to develop trade.[37]

On 31 October 1786, the King established the Swedish West India Company **[Document 5]**. By the terms of its charter, this company was to take over the island's trade and share in the administration of the island, but not to have a monopoly over it. This arrangement of dual control between royal officials and company officials soon led to internal conflicts. This document also gave the company the right to carry on trade in slaves.

Development Under the West India Company

Once the Swedish government had established the policies and basic structure for managing the island, there were a variety of minor adjustments necessary in order for it to meet all the practical situations that arose. The details of managing financial affairs in the courts, both at home and on the island, was one of many issues. **[Document 6]**.

INTRODUCTION

The Swedish West India Company's activities and the free port at the newly named harbor of Gustavia created a larger problem for other powers in the late 1780s. At the end of the American War, the British government prohibited direct American trade with the British colonies in the West Indies, a trade which had earlier been entirely open to Americans as colonists. For a period, the free port at St. Barthélemy served as an effective, but devious, way to circumvent this restriction. One of the most famous English naval officers to attempt to enforce this restriction was Captain Horatio Nelson, who in 1784-87 commanded the frigate *Boreas* in the West Indies. In the course of carrying out these duties, Nelson landed on St. Barthélemy on 13 July 1786 and delivered a formal complaint to the Swedish Governor von Rajalin from the English Governor of the Leeward Islands, Sir Thomas Shirley.[38]

Although this flurry of early activity seemed to suggest a bright commercial future, these expectations were not met. In 1787, after Governor von Rajalin returned to Sweden, the king appointed his successor, P.H. von Rosenstein, with the less pretentious title of commander. The West India Company, too, followed suit, when it replaced its "Intendant" with an agent. Commerce at Gustavia was sporadic during the next decade.

INTRODUCTION

TABLE I
ANNUAL VALUE OF SWEDEN'S TRADE
WITH ST. BARTHÉLEMY, 1784 - 1813[39]

YEAR	IMPORTS	EXPORTS	YEAR	IMPORTS	EXPORTS
1784	0	17,200	1799	142,700	63,500
1785	48,600	26,800	1800	57,700	18,000
1786	51,800	11,000	1801	3,300	0
1787	14,200	34,500	1802	12,700	12,760
1788	14,700	0	1803	54,600	13,400
1789	1,000	5,300	1804	136,600	40,900
1790	10,300	2,700	1805	54,300	72,900
1791	0	24,100	1806	2,500	0
1792	66,900	7,400	1807	0	0
1793	35,900	7,900	1808	no data	no data
1794	44,700	52,200	1809	no data	no data
1795	64,400	59,000	1810	0	11,500
1796	62,300	77,100	1811	no data	no data
1797	36,600	62,400	1812	0	22,900
1798	29,900	52,900	1813	202,600	58,200

INTRODUCTION

As trade profits varied, the burden to the Swedish state increased. Officials in Stockholm discovered that they were paying out large amounts above and beyond the income that the colony produced in order to support it.

TABLE II
COSTS TO SWEDEN
OF SUPPORTING ST. BARTHÉLEMY
OVER AND ABOVE INCOME RECEIVED
FROM THE ISLAND, 1785 - 1802[40]

YEAR	COST	YEAR	COST
1785	69,410	1794	18,000
1786	36,522	1795	30,000
1787	50,657	1796	29,520
1788	36,148	1797	31,448
1789	30,726	1798	32,702
1790	15,266	1799	54,531[41]
1791	25,539	1800	29,198
1792	14,173	1801	30,591
1793	14,000	1802	21,079

INTRODUCTION

The island obtained an income from visiting foreign ships, but this number varied markedly over the years. While in 1786, 979 foreign vessels called at Gustavia and, in the following year, this rose to about 1,200, the number fell to only 512 in 1791 and 511 in 1792. In the first year of war of the French Revolution, the number grew to 977, and it continued to rise to 1,155 in 1794, 1,568 in 1795, and reached a peak with 1,739 in 1796, declining to 1,530 in 1797 and 1,109 in 1798, before rising again to 1,504 in 1799. In December 1790, the government instituted higher harbor fees, which remained in effect until the spring of 1800.

TABLE III
INCOME FROM CUSTOMS DUTIES AND HARBOR FEES COLLECTED ON ST. BARTHÉLEMY, 1791-1799[42]

YEAR	INCOMING DUTIES	OUTGOING DUTIES	WEIGHT & MEASURE	MANIFEST & PASS	ANCHORING	TOTAL
1791	160	127	63	129	346	825
1792	66	384	44	86	273	853
1793	609	456	79	174	556	1,874
1794	1,411	575	34	231	662	2,913
1795	1,792	1,700	120	200	883	4,800[43]
1796	1,532	3,017	150	422	1,149	6,270
1797	1,697	3,784	105	355	864	6,805
1798	2,549	4,960	54	220	519	8,302
1799	3,706	6,729	578	786	1,207	13,006

INTRODUCTION

TABLE IV
LIST OF PORT CHARGES PAYABLE BY VESSELS AT ST. BARTHÉLEMY, July 1813"

SIZE OF VESSEL	ANCHORAGE & ENTERING	FOR CLEARANCE
500 tons or more	30, 8	16, 4
400 tons to 500 tons	28, 8	14, 4
300 tons to 400 tons	25, 8	12, 6
200 tons to 300 tons	22, 8	11, 6
100 tons to 200 tons	17, 8	7, 6
60 tons to 100 tons	14, 8	7, 6
40 tons to 60 tons	8, 11	4, 2
20 tons to 40 tons	5, 8	2, 10
10 tons to 20 tons	3, 8	1, 6
all below 10 tons	0, 8	0, 8

Swedish vessels exceeding 40 tons pay one half the above charges, those under 40 tons are free.

INTRODUCTION

TABLE V
PILOTAGE FEES AT ST. BARTHÉLEMY, July 1813[45]

VESSEL SIZE BY ITS DRAFT	FEE
drawing less than 4 feet	Free
drawing from 4 to 6'	1
drawing from 6 to 8	2
drawing from 8 to 9'	3
drawing from 9 to 10'	3, 6
drawing from 10 to 11'	4
drawing from 11 to 12'	5
drawing from 12 to 13	6
drawing from 13 to 14'	7
drawing from 14 to 15'	7
drawing from 14 to 16	8
drawing over 16'	9

INTRODUCTION

TABLE VI
ANNUAL VALUE OF AMERICAN EXPORTS TO ST. BARTHÉLEMY, 1792-1815[46]

YEAR	EXPORTS	YEAR	EXPORTS
1792	5,130	1804	569,569
1793	248,715	1805	314,955
1794	307,473	1806	327,616
1795	871,288	1807	1,327,644
1796	1,078,787	1808	234,455
1797	898,355	1809	3,645,819
1798	631,805	1810	2,044,268
1799	629,526	1811	1,036,343
1800	471,343	1812	1,186,744
1801	193,032	1813	1,758,862
1802	262,219	1814	1,249,461
1803	254,673	1815	780,888

TABLE VII
IMPORTS FROM ST. BARTHÉLEMY INTO THE UNITED STATES, 1795-1801[47]

YEAR	IMPORTS	YEAR	IMPORTS
1795	622,514	1799	409,054
1796	691,471	1800	450,567
1797	545,895	1801	452,035
1798	274,747		

INTRODUCTION

St. Barthélemy lost its strongest supporter with the assassination of King Gustav III in March 1792. The government passed into a regency for his son, Gustav IV Adolf. Meanwhile officials debated the future of the island, scrutinized its financial status and solicited opinions about it. Thought was even given to exchanging the island for something larger, but the issue quickly became complicated by the new war. News that Britain and the Dutch Republic had declared war on France reached Gustavia about 20 March 1793.

With this, the very situation came about that many had anticipated: St. Barthélemy and the Danish islands were now in a position to be the neutral traders between the warring parties. However, with the restrictions that France and Britain placed on neutral trade, it was St. Barthélemy's trade with the neutral United States that suddenly grew, especially in 1796-97 and from 1809 to the end of the war.

The harbor of Gustavia was open to both sides in the war, resulting in a variety of incidents in which the island's neutral status was disregarded, leading to Swedish diplomatic protests as early as May 1793. Despite this official position, the Swedish vice commandant on the island, C. F. Bagge, and the West India Company's agent, Jacob Röhl, sympathized with the French royalists and not with the revolutionaries. Having these views, the two Swedish officials directed trade toward those who supported the royalists. As a result, when the republicans took control in the French islands, those islands were closed to Swedish trade. During the American War, Bagge had served with the English and sympathized with them and had even married an English woman. In his policies, he tended quietly to take action that indirectly supported British goals.

In the summer of 1794, St. Barthélemy provided assistance to the French royalist forces on Guadeloupe, attempting to stop Victor Hugues's bid to establish a republican regime there. Meanwhile, by the spring of 1795, English forces had successfully captured most of the French colonies, except Santo Domingo. Despite Bagge's personal inclinations, St. Barthélemy's activities in assisting any Frenchman created a diplomatic stir in London. Rear Admiral Sir John Jervis strongly protested the indirect assistance that the French were receiving.[48] By 1797-98, the neutral islands had become very effective middle stations in trade between the United States and the remaining French colonies. At the same time, however, smuggling and other trade in small vessels had become easier, and the

INTRODUCTION

figures for trade with the United States began to decline. In 1798, the Swedish minister in Berlin approached John Adams, then visiting the Prussian capital, with an offer to sell St. Barthélemy to the United States for a price equivalent to what the Swedish government had paid to maintain it since 1784. Adams immediately rejected the proposal, declaring about such a "gift" that it was "contrary to the political system of the United States to wish for the possession of any colonies."[49]

Just at this point in the European War, Sweden joined Russia, Denmark, and Prussia in an Armed Neutrality, similar to that of 1780, designed to defy British naval inspection of neutral shipping while enforcing blockades. On 13 December 1800, the British cabinet decided to take precautions against this by seizing all Russian, Danish, and Swedish shipping, stores, and public property as an indemnity. Along with this, they decided to seize the Danish and the Swedish islands in the West Indies. In carrying out these orders at St. Barthélemy, Rear Admiral Sir Thomas Duckworth and Lieutenant General Thomas Trigg reached the island on 20 March 1801. Becalmed in sight of the island, they lost the element of surprise, but nevertheless easily obtained the surrender of the Swedish garrison, manned by two officers and nineteen men.[50] This ended the first period of Swedish occupation.

The British held the island until the following year.[51] Following Pitt's fall from power and the conclusion of the Peace of Amiens under his successor, Henry Addington, there was no longer a reason to hold the island. After various negotiations, Sweden signed the 1801 Russo-British trade agreement in March 1802. Two months later, in connection with the ratification of this agreement, the Swedish Ambassador in London, Göran Silferhielm, was able to obtain the British government's order to evacuate their troops from the island.[52]

In 1805, the Swedish government withdrew the charter of the Swedish West India Company. [**Document 11**] Shortly thereafter in 1809, Gustav IV Adolf was deposed and his elderly and childless uncle, Karl XIII, succeeded to the throne. In 1810, a former French field marshal, Jean Baptiste Bernadotte, became the unofficial regent and then the real ruler of Sweden, when he was elected heir to the throne and became Prince Royal with the name Carl Johan.

Since the demise of the Swedish West India Company in 1805, the administrative arrangements on St. Barthélemy needed to be adjusted, but

INTRODUCTION

there had been little interest in doing this for some time. Finally, in 1811, anticipating a revival of Swedish interests in the West Indies, Carl Johan reorganized the government of the island, establishing a system that remained in effect throughout the remaining years that Sweden controlled the island. **[Document 13]**.

This initiative looked even more promising for Sweden in 1813, as Carl Johan, now fighting against France, and his brother-in-law, Napoleon, began to think about expanding Sweden's West Indian possessions. The allies were planning their great campaign to push Napoleon back, after his failures in the Russian campaign the previous year. The British foreign minister, Lord Castlereagh, wanted Sweden to assist Russia and Britain in Northern Europe. These powers were not overly interested in Swedish ambitions to obtain Norway from Napoleon's Danish ally, although this issue arose in their attempts to persuade Denmark to turn against Napoleon. Nevertheless, the British envoy to Stockholm, Edward Thornton, concluded a treaty in March 1813 by which Britain promised Sweden a subsidy of a million pounds, naval assistance in invading Denmark, and in order to revive the defunct Swedish West India Company, the cession of Guadeloupe. These plans came to nothing. A year later, when the issue of Guadeloupe arose at the Congress of Vienna, Carl Johan signed a separate agreement, relinquishing rights to the island, in order to receive, instead, a subsidy of about one million pounds.[53]

Early Swedish Maps of the Island

Samuel Fahlberg is the most important of the early cartographers of the island. He was born in the province of Hälsingland in 1758, but at about age 11, his father died and his mother took him with her to find help with relatives in Stockholm. Enroute their boat capsized and his mother drowned. Samuel was rescued by Jacob Tjäder, who raised him. A regimental doctor, Tjäder taught Fahlberg the basics of medicine, and, later, Professor P.J. Bergius examined his knowledge of botany and pharmacology, providing him with certification so that he could proceed in his career without the need for further study.

Fahlberg obtained a position for practical training at the Seraphim Hospital in Stockholm, and in 1782, after having completed his

INTRODUCTION

apprenticeship, became a surgeon on a ship sailing for France. With that ship, Fahlberg sailed on to North America and was wounded during a battle with the English in Hudson's Bay. He returned to Sweden to recuperate and took up a position at the Seraphim Hospital. Apparently, it was this experience in American waters that made him an attractive candidate to go to St. Barthélemy. On 15 August 1785, Fahlberg received an appointment as District Medical officer for the island. After arriving on the island, the Council appointed him government secretary and with additional duty as customs inspector and cashier. On his own initiative, he took up the duties of island "engineer," or land surveyor. In a letter to Professor Bergius in July 1785, he reported that he had already sent maps and drawings of the island to the Government in Stockholm, one of which was enclosed in Governor von Rajalin's official report of 20 May 1785.

Fahlberg published two of his maps. The first, published by the academy of sciences appeared in 1792 and showed the main channels to reach the island, along with a detailed map of Gustavia. **[Document 7]** He dedicated the second, which appeared in 1801, to King Gustav IV Adolf. This map provides a more detailed picture of the island, and includes the division of property and a list of houses and inhabitants. **[Document 9]**. The map that is part of Sven Dahlberg's 1786 *Description* **[Document 3]** bears only the initials J.B. and C.C.G., but it is probably based on the maps Fahlberg provided in his official reports.[54]

Fahlberg's water-color drawings were not published in his lifetime, but their high quality earned him a place in a twentieth-century dictionary of Swedish artists. He made many other contributions to Swedish science through his correspondence with leading academics and in sending materials for various ethnographic and natural history collections. For this work, Uppsala University awarded him the degree of doctor of medicine in 1796 and the American Philosophical Society elected him a member in 1801.

His outspoken support for Gustav IV Adolf, even after the king had been deposed in 1809, ended Fahlberg's career on St. Barthélemy. In 1810, he was expelled from the island and, in absentia in 1813, the government condemned him to death for treason. Never able to return to Swedish territory, he continued to live in the West Indies, mainly on St. Martin and St. Eustatius. The government pardoned Fahlberg only a few weeks before his death on St. Eustatius in 1834.[55]

INTRODUCTION

The Subsequent History of Swedish St. Barthélemy

By the end of the Napoleonic Wars, it was already apparent that the island could not provide the large income for Sweden that its original promoters had envisioned. Yet, while it remained under the Swedish flag, St. Barthélemy continued to play a small role in maritime affairs. **[Documents 14]** As new countries grew to independence in South America, St. Barthélemy was bypassed as an entrepôt.[56] The government was required to revise some of its early regulations in regard to the American trade **[Documents 15,16]**. This was a period of high, protectionist customs duties in Sweden, with a complicated system of banned goods that could be manufactured in Sweden. At the same time, there was a system of differential customs duties, the so-called "surtaxes de pavillion" which depended entirely on what flag the ship carried.[57]

At the same time, in the 1820s, the island became a base of operations for privateers fighting for independence from Spain, and their activities caused concern in the United States and elsewhere.

By the mid-nineteenth century, the island colony brought in little profit.[58] In 1868, the Swedish government approached the United States with an offer to sell the island, but lengthy negotiations brought no success, despite the report that the King of Italy would buy it, if the United States did not. Finally, in 1877, a plebiscite was held on the island and an agreement made for the island to return to French control. In March 1878, the Swedish sloop of war, *Vanadis,* entered Gustavia harbor, witnessed the transfer of power and took Sweden's last governing officials off the island. The island and its maritime affairs were never a major factor in Swedish history, yet the history of this venture is an interesting and very late example of an experiment in mercantilism.

JOHN B. HATTENDORF

Naval War College

INTRODUCTION

SUGGESTIONS FOR FURTHER READING

Barton, H. Arnold. *Scandinavia in the Revolutionary Era, 1760-1815* (Minneapolis: University of Minnesota Press, 1986) provides the general background of Scandinavian history in this period.

Hildebrand, Ingegerd. *Den Svenska Kolonin: S:t Barthélemy och Västindiska Kompaniet fram till 1796.* (Lund: A-B Ph. Lindstedts Universitetsbokhandel, 1951) is the standard history of the establishment of the colony, but it has been modified and corrected by Waller.

Waller, Sture M. *S:t Barthélemy 1785-1801.* Kungl. Historiskt Archiv 1 (Stockholm: Vitterhets, Historie, och Antikvitets Akademien, 1954).

Hecksher, Eli F. *An Economic History of Sweden.* (Cambridge: Harvard University Press, 1954), is somewhat outdated, but still useful for general background of Swedish economic history.

Högberg, Staffan. *Utrikeshandel och sjöfart på 1700-talet: Stapelvarvor i svensk export och import 1738-1808.* (Stockholm: Bonniers, 1969) provides an updated and corrected general view of Swedish maritime commerce in the eighteenth century, although it neither deals directly with the West Indies trade nor mentions St Barthélemy.

Wahlström, Lydia. *Sverige och England under Revolutionkrigens början: Bidrag till den Reuterholmska Regeringens Historia.* (Stockholm: P.A. Norstedt & Söners Förlag, 1917), pp. 217-243, provides a detailed study of the diplomatic issues involved in "The St. Barthélemy question" of 1795-1796.

Luthin, Reinhard H. "St. Bartholomew: Sweden's Colonial and Diplomatic Adventure in the Caribbean," *The Hispanic American Historical Review*, 14 (1934): 307-324, is one of the few useful

INTRODUCTION

pieces in English and has some valuable information on U.S. relations.

Vidales, Carlos. "Corsarios y piratas de la Revolution Francesa en las aguas de la emancipacion hispanomericana," *C.M.H.L.B. Caravelle,* 54 (1990): 247-262, with the following, are the key sources on the Latin American privateers of the 1820.

Vidales, *Carlos. Bernadotte, San Bartolome y los "Insurgentes de Tierra Firme: La ayuda de Suecia a la causa Bolivariana,"* Informes de Investigación (Estocolmo: Latinamerika institutet, 1988).

Anthropologists have been interested in the development of island's stable population, from its seventeenth century roots:

Brittain, Ann W. "Migration and Demographic Transition: A West Indian Example," *Social and Economic Studies,* 39:3 (1990), pp. 39-64.

J. Deveau, "Peuplement de Saint-Barthélemy," *Bulletin de la Société d'Histoire de la Guadeloupe,* 17-18 (1972).

For information on further research materials, see, in addition to the sources cited in Hildebrand and Waller:

Ingvar Andersson's notice on the St. Barthélemy archive on Guadeloupe, in *Arkiv, samhälle och forskning,* 8 (1965), pp. 7 ff. and Björn Lindh in the same journal, 16 (1974), pp. 21 ff.

Further sources on church history may be found in Jan Arvid Hellström, "De svenska prästerna på S:t Barthélemy under den svenska kolonialtiden," *Personhistorisk Tidskrift,* (1986), pp. 5 - 55.

The only full run (1804-1819) of the island's English language newspaper, the *Report of St. Bartholomew,* is at the Royal Library [Kungliga Biblioteket], Stockholm.

INTRODUCTION

The Bancroft Library has one box with 45 folders of material from the original H. H. Bancroft collection, consisting of transcripts, contemporary copies, and original documents for the period 1784-1868.

French research materials are in the Archives Nationales, Paris: series C^{10}

The U.S. National Archives, Consular Despatches for St. Bartholomew are published on Microfilm T72.

Notes

1. Spelled Saint Barthélemy in modern French usage, it is spelled S:t Barthélemy in Swedish and Saint Bartholomew or St. Bart's in English.
2. For the detailed histories of New Sweden, see Amandus Johnson, *The Swedish Settlements on the Delaware 1638-1664* (Philadelphia, 1911) and Alf Åberg, *Folket i Nya Sverige: vår koloni vid Delawarefloden* [also published in English as *The People of New Sweden*] (Stockholm, 1987) with its useful summary of the literature on pp. 189 - 194.
3. For a recent study of Swedish activity in West Africa, see G. Novaki, *Handelskompanier och kompanihandel. Svenska Afrikakompaniet 1643-1663. En Studie i feodal handel* (Uppsala, 1990).
4. For a history of the Swedish East India Company, see Christian Koninckx, *The First and Second Charters of the Swedish East India Company: A Contribution to the Maritime, Economic, and Social History of Northwestern Europe in its Relationships with the Far East* (Courtray, 1980).
5. The following is based on Carl Sprinchorn, "Sjuttonhundratalets planer och förslag till Svensk Kolonisation i främmande världsdelar," *Historisk Tidskrift*, 43 (1923), pp. 109 - 162.
6. See, C.K.S. Sprinchorn, "Madagaskar och dess Sjöröfvare i Karl XII:s Historia," *Karolinska Förbundets Årsbok*, (1921), pp. 241 - 279.
7. For these proposals, see article with documents printed in E. Hildebrand, "Den Svenska legenden i Guyana," *Historisk Tidskrift*, 22 (1899), pp. 71-81.
8. On Gustav's personality, see the essays by Göran Rystad and Gunnar Artéus in Gunnar Artéus, ed. *Gustav III:s ryska krig* (Stockholm, 1992), pp. 18-21, 178-180.
9. H. Arnold Barton, *Scandinavia in the Revolutionary Era, 1760-1815* (Minneapolis, 1986), p. 133.
10. For a detailed studies of Gustav and his foreign policy at this time, see Olof Jägerskiöld, *Den Svenska Utrikespolitikens Historia*, Volume II, part 2, *1721-1792*, (Stockholm, 1957), pp. 290 - 297; Beth Hennings, *Gustav III: En Biografi* (Stockholm, 1957, new edition 1990), pp. 255 - 257.
11. Great Britain, Public Record Office. *Calendar of State Papers, Colonial and West Indies, 1594-1660*, [*CSP*] vol. 1, p. 85.
12. James A. Williamson, *The Caribee Islands under the Proprietary Patents*. (London, 1926), p. 151.
13. Cornelis Ch. Goslinga, *The Dutch in the Caribbean and on the Wild Coast, 1580-1680* (Gainesville, n.d.), pp. 205-06.

NOTES

14. Goslinga, p. 133.

15. Goslinga, pp. 238-39.

16. Nellis M. Crouse, *French Pioneers in the West Indies, 1624-1664* (New York, 1940), pp. 185, 187. M. A. Lacour, *Histoire de la Guadeloupe* (Basse Terre, 1855), tome 1, pp. 87-95. Jean Baptiste du Tertre, *Histoire Générale des Antilles Françaises* (Paris, 1671), vol. 1, pp. 408-409, 416, 508; vol. 2, p. 37.

17. Crouse, p. 207.

18. Thomas Coke, *A History of the West Indies* (London, 1811; Facsimile reprint, Miami, 1989), vol. 3, pp. 76 - 78.

19. *CSP, 1661-1668*, vol. 5, p. 114, document 387.

20. Crouse, pp. 2 - 15.

21. *CSP, 1669-1674*, vol. 7, p. 441; *CSP, 1675-1676*, vol. 9, pp. 367-368; *CSP, 1677-1680*, vol. 10, pp. 222, 385.

22. Charles Woolsey Cole, *Colbert and A Century of French Mercantilism* (Hamden, CT, 1964), vol. 2, p. 35.

23. Sir Alan Burns, *History of the British West Indies* (London, 1954), p. 321.

24. *CSP, 1689-1692*, pp. 147, 216-17, 225, 230, 482-483.

25. Burns, p. 389; *CSP, 1697-1698*, vol. 16, p. 271 document 565.

26. *CSP, 1711-1712*, pp. 224 - 225. See report dated 1 December 1714 in *CSP, 1714-15*, p. 50.

27. Crouse, p. 310.

28. *Acts of the Privy Council, 1745-66* vol. 4, p. 44.

29. *Journal of the Commissioners for Trade and Plantations, 1754-58*, pp. 316-317.

30. Commander J. W. Damor Powell, *Bristol Privateers and Ships of War* (Bristol, 1938), p. 267, based on a contemporary newspaper account in *Felix Farley's Bristol Journal*, 29 May 1779, which names the privateers as *Fincastle*, Stewart; *Jackal*, McDaniel; *James*, McIntosh; *Bee*, Rivin, and *Royal George*, Parke.

31. Quoted in Hildebrand, p. 10.

32. Laird Clowes, *A History of the Royal Navy* (London, 1899), vol. 4, pp. 47, 63, 268, 470. See also an account in *The Gentleman's Magazine* (1781), p. 145.

33. Quoted in Hildebrand, p. 29.

34. For a detailed study, see K. E. Carlson, *Relations of the United States with Sweden* (Allentown, PA, 1921).

35. Hildebrand, pp. 81, 87-100.

NOTES

36. Hildebrand, p. 80; Reviews of the first printing appeared in *Dagligt Allehanda*, 1 June 1786; In the same paper, on 22 June, Gjörwell reported that it had also appeared as a separate pamphlet.

37. Hildebrand, pp. 100 - 101.

38. A. T. Mahan, *The Life of Nelson* (Boston, 1897), vol. 1, pp. 54-63; Carola Oman, *Nelson* (London, 1948), pp. 60-63. Hildebrand, p. 126.

39. Value calculated in riksdaler, rounded to the nearest hundred, including freight costs for foreign vessels and outgoing Source: Sture M. Waller, *St Barthélemy, 1785- 1801*. Historiskt Archiv, 1 (Stockholm: Kungl. Vitterhets, Historie, och Antikvitets Akademien, 1954), p. 29.

40. Calculated in riksdaler, including costs of supporting the garrison and other expenses paid by the Treasury. The rise in costs from 1795 expresses the rise in both costs and prices during the Napoleonic wars, even though the value of Swedish currency declined. Source: Sture M. Waller, *St. Barthélemy 1785-1801*, p. 30.

41. This high figure is associated with sending out warships to convoy vessels despite a special convoy tax levied on St. Barthélemy to cover this cost.

42. Calculated in piastres gourdes. Source: Sture M. Waller, *St. Barthélemy, 1785-1801*, p. 24.

43. As estimated by Waller, pp. 24-25, footnote 2.

44. Despatches from U.S. Consuls in St. Bartholomew, National Archives Microfilm T72, roll 1.

45. *Ibid.*

46. Calculated in American dollars. Source: *American State Papers, Commerce and Navigation*, (Washington, 1832), volume 1, (1792) p. 248; (1793) p. 294; (1794) p. 312; (1795) p. 342; (1796) p. 362; (1797) p. 384; (1798) p. 417; (1799) p. 431; (1800) p. 453; (1801) p. 489; (1802) p. 507; (1803) p. 543; (1804) p. 590; (1805) p. 671; (1806) p. 696; (1807) p. 721; (1808) p. 738; (1809) p. 815; (1810) p. 869; (1811) p. 892; (1812) p. 965; (1813) p. 994; (1814) p. 1023. Volume 2, (1815) p. 22.

From 1803, when separate values are given for exports of domestic and of foreign produce, the figure shown in the table is the sum of the two. *The Statistical History of the United States* (Washington, 1976), p. 859, quotes Douglas C. North's observation that figures for U.S. exports prior to 1820 are doubtful and that five year averages may be more reliable than the annual figures.

No export figures for the years 1784-1791 were found.

47. Source: Timothy Pitkin, *A Statistical View of the Commerce of the United States of America*. Second edition with corrections (New York, 1817), p. 250; see also pp. 236-237 for Pitkin's comment on trade with the Swedish West Indies.

NOTES

There appear to be no statistics that give total value of imports from the Swedish West Indies into the USA for the years 1784-1794, 1802-1815. However, the annual reports in *American State Papers, Commerce and Navigation* series, (Washington, 1832) include figures for imported goods subject to *ad valorum* duties. Warning the researcher on the general use of these figures, *The Statistical History of the United States* (Washington, 1976), p. 876, quotes G.D. Allen and J. Edward Ely, *International Trade Statistics* (New York, 1953), p. 269: "No value figures were compiled on imports subject to specific rates of duty and the dollar value for imports subject to *ad valorem* rates of duty, although apparently accurate, was compiled only as a total with no information on how much of each commodity was imported. Existing figures on the total dollar value of imports was apparently estimated at the time by the Secretary of the Treasury ...."

48. Waller, pp. 12-16.

49. Quoted in Reinhard H. Luthin, "St. Bartholomew: Sweden's Colonial and Diplomatic Adventure in the Caribbean," *The Hispanic American Historical Review*, 14 (1934), p. 313.

50. Michael Duffy, *Soldiers, Sugar and Sea Power: The British Expeditions to the West Indies and the War Against Revolutionary France* (Oxford, 1987), pp. 320 - 322.

51. A lengthy description of the British occupation may be found in Riksarkivet, Stockholm. Bref från Enskilda Personer, Stafsundssamlingen: Hans Axel von Fersens samling, carton XII: Colonel H.H. Anckarhielm in Gustavia to Count Axel von Fersen, 30 April and 15 July 1801.

I am grateful to Professor H. Arnold Barton for this reference.

52. Sten Carlsson, *Den Svenska Utrikespolitikens Historia* (Stockholm, 1954), vol. 3, part 1, pp. 79-80.

53. Torvald Höjer, *Den Svenska Utrikespolitikens Historia, 1810-1844*, vol. 3, part 2 (Stockholm, 1954), pp. 173, 219.

54. Falhberg's manuscript plan of the city, dated 1799-1800, noting its rapid growth from 300 houses in 1796 to 871 houses in 1800, is in the collection of the Kungliga Örlogsmannasällskapet, Karlskrona. A reduced version has been published in Henrik af Trolle, "Minnen från corvetten *Najaden* under expeditionen åren 1848 och 1849," *Aktuellt från Föreningen Marinmusei Vänner i Karlskrona* (1977), p. 65. The same article and collection contains a 1785 manuscript map of Gustavia harbor by Fredric Sjöbom, a young ensign assigned to the frigate, *Spengtporten*, p. 58.

55. *Svenskt Konstnärslexikon*, vol 2, p. 177. *Svenskt Biografiskt Lexikon*, vol XV, pp. 1-6; Hildebrand, pp. 72-74. See also information on Fahlberg's

NOTES

drawings in H. Seitz, *St. Barthélemy. En svensk koloni 1784-1878. Katalog över utställningen i Livrustkammeren (Stockholm, 1934).*

56. Magnus Mörner, "Svensk-colombiansk förbindelser före skeppshandeln (1820-1825)," *Forum Navale*, 8(1947), pp. 45-72.

57. Höger, pp. 279-286.

58. For a description of the island in this period, see Henrik af Trolle, "Minnen från corvetten Najaden under expeditionen åren 1848 och 1849," *Aktuellt från Föreningen Marinmusei Vänner i Karlskrona* (1977), pp. 54-69.

Document 1

Convention of 1 July 1784
between Sweden and France
transferring ownership of St. Barthélemy

CONVENTION
PROVISOIRE

Pour servir d'explication à la Convention préliminaire de Commerce & de Navigation du 25 Avril 1741,

ENTRE

LE ROI
ET
LE ROI DE SUÈDE.

Conclue à Versailles le 1.er Juillet 1784.

Ratifiée par le Roi le 26 du même mois :
Et par le Roi de Suède, à Stockolm le 10 Août suivant.

A PARIS,
DE L'IMPRIMERIE ROYALE.

M. DCCLXXXIV.

LOUIS, par la grâce de Dieu, Roi de France et de Navarre : A tous ceux qui ces présentes Lettres verront; Salut. Comme notre très-cher & bien amé le sieur CHARLES GRAVIER, COMTE DE VERGENNES, Conseiller en tous nos Conseils, Commandeur de nos Ordres, Chef du Conseil royal des Finances, Conseiller d'État d'Épée, notre Ministre & Secrétaire d'État & de nos Commandemens & Finances, auroit, en vertu du plein-pouvoir que Nous lui en avons donné, arrêté, conclu & signé le premier du présent mois de Juillet, avec le Baron DE STAEL DE HOLSTEIN, Chevalier de l'Ordre de l'Épée, Chambellan de notre très-cher & très-amé bon

A ij

Frère & Cousin le Roi de Suède, & son Ambassadeur auprès de Nous, la Convention dont la teneur s'ensuit :

Sa Majesté Très-Chrétienne, & Sa Majesté le Roi de Suède, animées du même desir de resserrer de plus en plus l'union qui subsiste depuis si long-temps entre les couronnes de France & de Suède, ainsi que d'ouvrir de nouvelles sources de prospérité pour le commerce des deux Nations, ont jugé convenable de revenir sur la Convention préliminaire de commerce & de navigation du 25 avril 1741, & d'y faire les changemens & additions nécessaires pour parvenir à ce but ; Leurs Majestés ayant reconnu que les stipulations de la dernière Convention étoient insuffisantes pour opérer tout le bien qu'on avoit eu en vue en la rédigeant, se sont décidées à lui donner plus d'efficacité en y ajoutant des cessions mutuelles, dont le but est de faciliter à leurs sujets les moyens d'étendre leur commerce, soit respectivement entre eux, soit avec les autres Nations.

A cet effet, Leurs Majestés ont nommé, savoir : le Roi Très-Chrétien, le sieur Gravier, Comte de Vergennes, Conseiller en tous ses Conseils, Commandeur de ses Ordres, Chef du Conseil royal des Finances, Conseiller d'État d'Épée, son Ministre & Secrétaire d'État, & de ses Commandemens & Finances ; & le Roi de Suède, le Baron de Staël de Holstein, Chevalier de l'Ordre de l'Epée, Chambellan de Sa Majesté Suédoise, & son Ambassadeur auprès du Roi, lesquels après s'être communiqué leurs pleins-pouvoirs respectifs, sont convenus des articles suivans pour servir de supplément provisoire, & d'explication à ladite Convention.

Article premier.

La Convention préliminaire conclue le 25 avril 1741, entre la France & la Suède, touchant la navigation & le commerce, continuera d'être observée suivant sa forme & teneur, dans tous les points & articles auxquels il n'aura pas été dérogé par la présente Convention provisoire, & ils serviront de base avec les articles nouvellement convenus au traité définitif que les deux Souverains s'engagent de conclure le plus tôt que faire se pourra.

II.

En conséquence de cette confirmation générale de la Convention préliminaire de 1741, les sujets respectifs continueront de jouir, dans les ports de l'une & l'autre domination, de toutes les franchises, faveurs & exemptions qui leur ont été assurées par les articles I & II de ladite Convention.

III.

Comme en vertu de l'article III de la Convention de 1741, les sujets de Sa Majesté Très-Chrétienne ont dû jouir dans la ville, port & territoire de Wismar, à l'exclusion de toutes les autres Nations, du privilége de ne payer pour les effets & marchandises qu'ils y porteroient par leurs propres vaisseaux, que $\frac{3}{4}$ pour $\frac{0}{0}$ de la valeur desdits effets ou marchandises pour tous droits de douane ou autres, quels qu'ils puissent être, soit que lesdites marchandises s'y consommassent, soit qu'elles fussent exportées, & ce, ainsi qu'il est réglé pour les sujets même de Sa Majesté Suédoise, & qu'il a été reconnu que cette concession, vu la nature & la position du port de Wismar, ne remplissoit en aucune manière, le but qu'on s'étoit proposé de la part de la Cour de Suède; Sa Majesté Suédoise consent à substituer auxdites franchises attachées au port de Wismar, la liberté d'entrepôt dans le port de Gothembourg, en la forme & aux clauses & conditions suivantes.

I V.

Les sujets de Sa Majesté Très-Chrétienne auront à perpétuité le droit d'entreposer dans le port de Gothembourg, dans le lieu & avec les précautions qui seront déterminés, toutes les denrées, productions & marchandises, soit de la France, soit de ses colonies en Amérique, chargées sur des bâtimens François, de quelque port de France qu'ils viennent, sans qu'à raison de leur introduction, elles puissent être assujetties à aucune sorte de péage, impositions ou autres droits quelconques. Il leur sera pareillement libre de les en réexporter, si bon leur semble, soit sur leurs propres navires, soit sur des bâtimens Suédois, à telle autre destination que ce soit, sans qu'il en puisse être exigé, à raison de cette sortie & réexportation, aucuns droits de douane ou autres quels qu'ils puiſſent être, & ſous quelque nom qu'ils puiſſent être déſignés ; &, dans le cas de l'introduction & de la réexportation, les bâtimens François ne ſeront pas tenus à de plus forts droits que ceux qu'acquittent les navires Suédois.

V.

LEDIT entrepôt n'ayant point d'autre deſtination, que de faciliter aux Commerçans françois le débit de leurs denrées & marchandiſes, ſoit dans les États de Sa Majeſté Suédoiſe, ſoit dans ceux des autres Puiſſances du nord, les objets qu'on y dépoſera ſeront conſtamment cenſés être à bord des bâtimens qui les auront apportés ; par conſéquent, ils ne pourront être ſoumis à aucune viſite juſqu'au moment où l'on voudroit les faire ſortir dudit entrepôt pour les importer dans le royaume de Suède.

VI.

LES denrées & marchandiſes qu'on ſortira de cet entrepôt, pour les faire entrer en Suède, acquitteront ſur le lieu, ou au premier bureau de ce royaume où elles ſe préſenteront, tous & chacun les mêmes droits qui ſont actuellement établis ſur elles, ou qui pourront l'être par la ſuite, de la même manière & à la même quotité qu'elles auroient dû les acquitter, ſi elles euſſent été importées directement dans ledit royaume, ſans paſſer par l'entrepôt de Gothembourg.

VII.

LE ROI Très-Chrétien donnera les ordres les plus

précis à ceux de ses sujets qui voudront profiter dudit entrepôt, de s'abstenir de toutes pratiques répréhensibles, soit en abusant eux-mêmes de sa franchise pour faire entrer en fraude leurs denrées & marchandises dans le royaume de Suède, soit en favorisant des manœuvres illicites de la part des sujets de Sa Majesté Suédoise, ou des étrangers qui fréquentent le port de Gothembourg.

VIII.

En échange, & par forme de compensation des avantages résultans de l'établissement & de la concession de l'entrepôt de Gothembourg, pour le commerce & la navigation de la France, le Roi Très-Chrétien cède à perpétuité au Roi & à la couronne de Suède, en toute propriété & souveraineté, l'isle de Saint-Barthélemi aux Indes occidentales, avec toutes les terres, mer, ports, rades & baies qui en dépendent, aussi-bien que tous les édifices qui s'y trouvent construits, avec la souveraineté, propriété, possession, & tous droits acquis par traités ou autrement, que le Roi Très-Chrétien, & la couronne de France ont eus jusqu'à présent sur ladite isle, ses habitans & ses dépendances; Sa Majesté Très-Chrétienne cédant & transportant le tout audit Roi & à la couronne de Suède, de la manière & dans la forme la plus ample, sans restrictions ni réserves.

IX.

La présente cession ne préjudiciera en rien aux droits de propriété ou de possession, appartenans aux habitans françois & autres, qui jusqu'ici ont été sujets du Roi Très-Chrétien en ladite Isle; ils continueront à en jouir sous la souveraineté Suédoise, conformément à leurs titres & aux loix & usages reçus dans ladite Isle, sans que, sous prétexte ou par une suite de ce changement de domination, il puisse leur être causé aucun trouble, gêne ni dommage dans leur fortune particulière, ou dans les droits dépendans de leur propriété.

X.

Sa Majesté Suédoise promet & s'engage de conserver à jamais aux habitans de l'Isle de Saint-Barthélemi, la liberté la plus illimitée de la religion Catholique, d'en protéger le culte, & de ne rien faire ni permettre qu'il soit rien fait pour en gêner ou restreindre l'exercice.

XI.

Les habitans françois ou autres, qui ont été sujets du Roi Très-Chrétien dans l'Isle de Saint-Barthélemi, & leurs descendans, pourront en tout temps se retirer, en toute sûreté & liberté, en tel endroit de la domination du Roi qu'il leur plaira, & pourront vendre leurs biens & transporter leurs effets, ainsi que leurs personnes, sans être gênés dans leur émigration, sous quelque prétexte que ce soit, hors le cas de dettes ou de procès criminels, & il ne sera jamais rien exigé d'eux à titre de droit de détraction, ni autres quelconques.

XII.

La remise de l'Isle de Saint-Barthélemi, à la personne

qu'il plaira au Roi de Suède de commettre pour en prendre possession, sera effectuée quatre mois après l'échange des ratifications que Leurs Majestés Très-Chrétienne & Suédoise donneront sur la présente Convention provisoire. Les Commissaires qui, de part & d'autre, seront nommés pour cet effet, seront munis des instructions les plus précises pour constater, confirmer & conserver les droits des habitans de ladite Isle, & pour assurer leurs possessions. Ils seront aussi chargés de dresser des procès-verbaux, concernant les effets appartenans au Roi Très-Chrétien, s'il s'en trouve aucuns dans ladite Isle, & qui demeureront à la disposition de Sa Majesté Très-Chrétienne.

XIII.

Les articles ci-dessus ne devant être considérés que comme un supplément & une explication de la Convention préliminaire du 25 avril 1741, seront insérés mot à mot dans le traité de navigation & de commerce qui sera conclu entre Leursdites Majestés. En attendant, ils sortiront leur plein & entier effet, & seront, pour le bien & l'avantage des sujets respectifs, exactement observés, suivis, & exécutés de part & d'autre immédiatement après l'échange de leurs ratifications.

XIV.

La présente Convention provisoire sera ratifiée par les deux Souverains; les lettres en seront expédiées en bonne & dûe forme, échangées dans l'espace de six semaines, ou plus tôt s'il est possible, à compter du jour de la signature.

En foi de quoi Nous avons signé les présens articles, & y avons apposé le cachet de nos armes. Fait à Versailles, le premier juillet mil sept cent quatre-vingt-quatre.

Gravier de Vergennes. | Le Bon Stael de Holstein.
(L. S.)   (L. S.)

Nous, ayant agréable la susdite Convention, en tous & chacun les points & articles qui y sont contenus & déclarés, avons iceux, tant pour nous que pour nos héritiers, successeurs, royaumes, pays, terres, seigneuries & sujets, acceptés, approuvés, ratifiés & confirmés; & par ces présentes, signées de notre main, acceptons, approuvons, ratifions & confirmons; & le tout, promettons en foi & parole de Roi, garder & observer inviolablement, sans jamais aller ni venir au contraire directement ou indirectement, en quelque sorte & manière que ce soit. En témoin de quoi Nous avons fait mettre notre scel à cesdites présentes. Donné à Versailles, le vingt-sixième jour du mois de juillet, l'an de grâce mil sept cent quatre-vingt-quatre, & de notre règne le onzième. *Signé* LOUIS. *Et plus bas,* Par le Roi. *Signé* Lacroix M.^{al} de Castries.

Scellé du grand sceau de cire jaune, sur lacs de soie

bleue, tressés d'or, le sceau enfermé dans une boîte d'argent, sur le dessus de laquelle sont empreintes & gravées les armes de France & de Navarre, sous un pavillon royal soutenu par deux anges.

Ratification du Roi de Suède.

GUSTAVE, PAR LA GRÂCE DE DIEU, ROI DE SUÈDE, DES GOTHS ET DES VANDALES, &c. &c. &c. héritier de Norvège, Duc de Slesvic Holstein, de Stormarie & de Ditmarsen, Comte d'Oldenbourg & de Delmenhorst, &c. &c. Savoir faisons qu'une Convention provisoire pour servir d'explication à la Convention préliminaire de Commerce & de Navigation du 25 avril 1741, entre la Suède & la France, venant d'être conclue, arrêtée & signée à Paris le 1.er juillet de l'année présente par les Ministres respectifs y autorisés; savoir, de notre part le sieur ÉRIC MAGNUS STAEL DE HOLSTEIN, notre Ambassadeur extraordinaire à la Cour de France, & Chevalier de notre Ordre de l'Épée; & de la part de notre très-cher & très-amé bon Frère & Cousin le Roi Très-Chrétien, le sieur GRAVIER COMTE DE VERGENNES, Conseiller en tous ses Conseils, Commandeur de ses Ordres, Chef du Conseil des Finances, Conseiller d'État d'Épée, son Ministre & Secrétaire d'État ayant le département des Affaires Étrangères, qui, après avoir échangé leurs pleins-pouvoirs & les avoir trouvés en bonne & dûe forme, sont convenus entre eux de la Convention qui porte mot à mot ce qui suit :

Ici est insérée la Convention.

C'est pourquoi, Nous, ayant agréable la susdite Convention provisoire, en tous & chacun de ses points & articles, les avons approuvés, ratifiés & confirmés, comme nous les approuvons, ratifions & confirmons par ces présentes : Promettant en foi & parole de Roi, d'accomplir, observer & faire observer sincèrement & de bonne foi ladite Convention provisoire dans tous les points contenus en icelle, sans aller ni souffrir qu'il soit allé directement ni indirectement au contraire, en quelque sorte & manière que ce soit.

En témoin de quoi Nous avons signé ces présentes de notre main ; & y avons fait apposer notre grand sceau royal. DONNÉ à Drottningholm le dixième jour du mois d'août, l'an de grâce mil sept cent quatre-vingt-quatre. *Signé* GUSTAVE. *Et plus bas,* G. Comte de Creutz.

Scellé du grand sceau royal de Suède, en cire rouge, sur lacs d'or & d'argent, le sceau enfermé dans une boîte d'argent.

Document 2

Royal proclamation of 7 September 1785 declaring St. Barthélemy a free port

Kongl. Maj:ts
Nådiga
Kungörelse,
Som förklarar Ön St. Barthelemy i Westindien för en Fri Hamn eller Porto Franco

Gifwen Drottningholms Slott then 7 Septemb. 1785.

Cum Gratia & Privilegio S:æ R:æ Maj:tis.

STOCKHOLM, Tryckt i Kongl. Tryckeriet.

WI GUSTAF med Guds Nåde Sweriges, Göthes och Wendes Konung &c. &c. &c. Arfwinge til Norrige, samt Hertig til Schleswig Hollstein &c. &c. Göre weterligit, at som Wi til Handelens befrämjande på then under Sweriges Krona lydande Ö St. Barthelemy uti West-Indien, i Nåder för godt funnit, at förklara samma Ö för en Fri Hamn, eller så kallad Porto Franco, hwarest wahror och effecter af alla slag, måge upläggas, föryttras, eller therifrån til andra ställen afsändas; Altså, och på thet alla the, ware sig inhemske eller fremmande, som kunna wara hugade, at uti förberörde handel deltaga, måge äga et obehindradt tilfälle, at nyttja the förmoner, som Öns fördelaktiga läge, sunda climat, och goda hamn, i sådan wåg tilbiuda; wele Wi härigenom för alla Nationer, utan åtskilnad, hafwa bewiliat en oinskränkt frihet, at med sina fartyg til berörde Ö St. Barthelemy, så wäl i freds- som krigstider, inlöpa, lossa och lasta, jemte tilstånd för en hwar, at sig therstädes nedsätta, samt Handel och Siöfart idka, under åtniutande af fri religions öfning, och alla the öfrige fri- och rättigheter, som thenna Ö redan äro bewiljade, eller än widare kunna tilläggas; Hwarjemte Wi tillika härmedelst welat förunna sådane Personer, som för skuld kunna wara på flykten, en fristad på meranämnde Ö, under Tio års tid, utan afseende på orten hwarifrån the ankomma.

komma. Thet alle, som wederbör, hafwe sig hörsammeligen at efterrätta. Til yttermera wißo hafwe Wi thetta med Egen Hand underskrifwit, och med Wårt Kongl. Sigil bekräfta låtit. Drottningholms Slott then 7 September 1785.

GUSTAF.

J. Liljencrants.

Document 3

*Description of St. Barthélemy:
Swedish Island in the West Indies*

**by Sven Dahlman
1786**

Beskrifning
Om
S. Barthelemy,
Swensk Ö uti Westindien;

Författad af

SVEN DAHLMAN,

Extraord. Amiralitets-Prädikant i Carlscrona.

Med tilhörig Charta öfwer samma Ö:

STOCKHOLM,
Tryckt hos ANDERS JACOBSSON NORDSTRÖM,
1786.

Herr Författaren, hwilken, såsom Skeps = Prädikant, war följagtig på Fregatten Sprengtporten, som öfwerförde wår Gouverneur, H:r Bar. Salom. von Rajalin, och således biwistade hela den Expedition, som gjordes åren 1784 och 1785, för at i Kongl. Maj:ts Namn emottaga denna nya Swenska Besitning i America, har efter hemkomsten upsatt följande Beskrifning om den samma, derom anmodad af Öfwer=Amiralen och Rid. Herr Grefwe Carl Aug. Ehrensvärd: hwadan ock samma Beskrifning förtjenar at här särskild utgifwas, jemte den tilhörande Chartan; men för at icke göra denna Beskrifning för widlöftig, har man här uteslutit Hr. Författarens Inledning, rörande de öfrige Antillerne, men som finnes densamma tilfogad uti Upfostrings-Sälskapets Historiska Bibliothek för år 1786.

Den S. Barthelemy, en af de minsta ibland Antillerne, belägen emellan Öarne S. Martin och S. Christopher, blef förmodel. uptäckt under Columbi andra Resa år 1493, men war, såsom liten, länge föragtad; och omfring 1640 togs den först i besitning af Fransoserne; kom 1651 under Maltheser-Orden, men inlöstes af Fransyska Westindiska Compagniet 1664; år 1689 intogs den af de Engelske, men återlämnades 1697 til Fransoserne. Engelsmännerne intogo den wäl äfwen under de påföljande Krigen, men återstälde den ock altid til Fransoserne uti Fredsrne, som slöto samma Krig, såsom det äfwen skedde vid sista Freden af år 1783: ty Frankrike war särdeles mån om des bibehållande, i anseende til des förträffeliga Hamn och Belägenhet at i orredstider krysa mot Fienden; hwadan ock Franske Kapare upbragte därstädes ifrån 1744 til 1748 öfwer 50 Engelska Köpmansskepp.

Denna Beskrifning utgifwes på Upfostrings-Sälskapets bekostnad. Stockholm, d. 15 Jun. 1786.

C. C. Gjörwell.

Beskrifning
Om
Den S. Barthelemy.

Capitl. I.
Swenska Ön S. Barthelemys Climat, Belägenhet, samt in- och utwärtes Utseende.

Denna lilla Ö, ytterst uti den Skärgård belägen, som kallas egentligen för Westindien, har, genom Öfwerenskommelse Franska och Swenska Kronorna emellan, blifwit den enda Besittning, som wår Nation är ägare af i Westindien. Se widare härom Provisionelle Conventionen af den 1 Jul. 1784, och Preliminaire Conventionen af den 25 April 1741.

S. Barthelemy räknas bland de små Antillerna, eller Caraibiska Öarne, ligger emellan 17 och 18 Graden Norr om Aquatorn, mellan 65 och 66 Longituds-graden Wester om Parisiska Meridianen.

I anseende til sit höga Läge, som hon har gemensamt med de flästa Westindiske Öar, kan man härifrån beskåda en widsträckt omkrets. Nästgränsande Öar synas derföre på längre och närmare afstånd. S. Martin i N. W. 2 Mil, Saba i W. 8 Mil, S. Eustache i S. W. 6 mil, S. Christopher i S.

S. 8 Mil, och Barboude, då klart wäder är, i S. O. 12 Mil därifrån. Upgiften har jag fått reducerad til Swenska Mil: om den är accurat eller ungefär wet jag ej. Den, som i skapnaden utgör en aflång och irregulier Polygone, med många Wikar och Uddar, har 5 Fjerdings wåg i längden, emellan 1 och 2 i bredden. Sträcker sin längd från N. W. til S. O.

Den är äfwen omgifwen af stora, dels synliga, dels osynliga Klippor, och en ansenlig mångd små Holmar, hwaraf största delen är oupbrukad och nästan otilgängelig.

Marken är mindre bördig, torr, med småskog öfwer alt bewuxen, ojämn, backig och bergfull. Utsigten på Ön är följaktligen litet behaglig i allmänhet; dock finnas några dälder, wackra slätter och werkligen intagande Situationer up i Landet på sina ställen, som mer fönöja ögat.

Höga berg intaga äfwen en stor del af Ön, både up i Landet och wid Stränderna. Wid sjön kan jag ej undra, at de, genom wågornas wåldsamma påstötande i långliga tider, blifwit ihålige, men at de up i Landet, dit sjön aldrig kan komma, äro liksom utgräfne och underligt façonerade, tycks gifwa anledning til flere gissningar. Jag är för litet kännare, at wilja tilskrifwa Volcaner denna werkning. Deße har man ej märkt på S. Barthelemy, men deras uptäckt, på flera ställen af Americanska Archipelagen i senare ti-

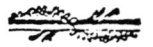

tider, har föranlåtit mången tro, at de i fordna dagar warit där synliga, och kunna hädanefter åter uplifwas. En owanlig yppad Jordbäfning några dagar efter wår afresa styrker min gißning.

På sina ställen blef jag warse en nog besynnerlig färg på både jorden, bergen och de lösa stenarne: gult, rödt, blått förekom måst. Jag will, utom andra känneteckn tro, at i bergen finnas Mineralier. Framtiden skal utwisa, om wårt Fädernesland häraf kan draga någon betydelig winst.

Swårigheten at öfwerfara nämde berg och höga backar är wäl til en del häfwen, genom några gångstigar Habitationerne emellan, men gör paßagen omöjelig, där de ej finnas. Flera gånger försökte jag afwika från gångstigen, för at få tilfälle se mig omkring och betrackta naturens förändringar, men alla gånger war jag ganska nögd, at sårad och sönderrifwen igenfinna en lemnad stig. Efter wår ankomst blef dock den lilla wäg, som gick långs igenom Ön, så förbättrad, at man ridande med beqwämlighet kunde fortsätta sin lilla kosa.

Climatets hetta är, som på de andra Antillerna, mycket stark, men deß höga läge, brist på träsk och sidländta platsar, en öfwer alt genomträngande wind, göra, utom andra mig fördolda ordsaker, at man med skäl har ansedt, och ännu anser S. Barthelemy för et et af de sundaste ställen bland alla omliggande Öar.

Om jag undantager den wanliga sjukdom, för hwilken nästan alla Europeer äro utsatte, wid ankomsten til deßa Öar, är man här tämmeligen säker för attaquer af andra sjukdomars wåldsamma medfart. Ej mer än 3 eller 4 af oß Swenskar undsluppo denna Feber. Han börjades med hufwudwärk och wanmagt, samt warade högst 12 dygn. Under denna korta tid war man angripen af de mäst beswårliga plågor, som någon sjukdom har med sig. Om man genast söker tjenliga läkemedel, har man rara exempel at någon dör deraf. Europeen får äfwen en sort utslag på deßa Öar, hwilket man gemenligen kallar röda Hunden. Det består i en hop, tätt intil hwarannan sittande röda prickar i skinnet, som klia i början, men blifwa sedan så ömma, at man knapt tål kläderna på det stället de finnas, til deß de inom 8 eller 14 dagar af sig sjelfwa försfwinna.

Men sedan man undergått deßa nästan naturliga följder af den olika himla-rymdens hastiga ombyte, är man säker få nyttja samma fördel, som sjelfwa Habitanterne på detta hälsosamma ställe. Det hålles för besynnerligit, om någon af dem är inwärtes sjuk: man berättade, at ingen i mannaminne dödt af annan sjukdom, än ålderdoms swaghet. Häraf händer ibland, at mången lemnar någon tid sin hemort på en af de andre Öar,

och

och r:ser til S. Barthelemy, för at där återfå sin hälsa och andas en friskare Luft.

Capitl. 2.
Huru S. Barthelemy blifwit af de Franska för mycket försummad.

Sedan Guadeloupe änteligen, efter många ändringar, fick 1775 egen Gouverneur, har S. Barthelemy, jemte flera Öar, warit under deß Dependence; men deß närmaste inseende har ståndigt warit anförtrodt åt en på S. Martin boende Under-Gouverneur.

De stora och härliga besittningar Frankrike äger i Westindien; alla beqwämligheter och rika producter det har annorstädes; S. Barthelemys ofruktbarhet, lilla och obetydliga omkrets, samt den ringa förmån för Kronan, gåfwo wäl anledning til den wanwård, både Folket, Ön och Förswars-werket fått ärfara.

Intendenten på S. Martin, wäl underrättad och försäkrad om det lilla wärde, sjelfwa Regeringen satte på denna Ö, war mycket efterlåten, och försummade den omwårdnad, han borde hafwa om deße fattige och olyckslige Habitanter. Han reste endast hit 2 á 3 gånger om året; men som hans besök war mer et sken at förrätta en utwärtes skyldighet, än något inwärtes nöje, at se sina underhafwandes grönskande wälgång, hade han

han hwarken tid, wilja eller förmåga, at under sit korta qwarblifwande afsluta klagomål, stifta ordning, befordra idoghet och upodling med mera.

För många år tilbaka hade Franska Kronan, på en högd wid sjön, låtit upbygga en Fästning, som med 5 Canoner kunde beskjuta fientliga fartyg, eller djerfwe Kapare, som nalkades hamnen. Et litet stenhus utan dörrar, som skulle tjena til Corps de Garde för soldaterne, några med förrutnade lavetter stående Canoner, dem Fransmännerne genast afhämtade, en af ålder wid hwar wåderpust swigtande flaggstång woro de endaste qwarlefwor, som wittnade om den förut där rådande Nationen.

Andra Nationers, eller rättare Americaners, fartyg wille ej löpa in til en ort, som saknade Contanter, och utom deß ej hade af nöden hela den medförda lasten. Sjelfwe woro de för fattige och litet eftertänksamme at skaffa sig små Transport-fartyg mellan närmaste Öar; och Regeringen fogade ej heller minsta änstalt, at häfwa så tryckande omständigheter.

Sådan brist på ordning och goda författningar rickade några snåle, rike och omtänkte Köpmän. Deße förskaffade alla förnödenhets-waror från andra ställen, med en a twå Goiletter eller små-fartyg, exporterade alla Öens producter, och handlade med sina medbröder efter egit godtycke. Watten, som utgör

gör et af lifwets yppersta och nödwändigaste behof, undgick ej heller deras nedrigt rickrande Monopolium.

Detta föranlät en del at lemna S. Barthelemy, och förfoga sig til andra lyckeligare Öar, där de kunde njuta skydd, understöd och upmuntran; men den resterande största mångden war särdeles nögd ombyta Husbonde, försäkrad, at Swerige, på et ömmare sätt skulle wårda sin enda ägendom i Westindien, och mottog med glädje och fägnads betygelse Swenska Befälet den 8 Martii 1785.

Wid wår ankomst funno wi Öens stora och kosteliga trän nedhuggne, folket utarmat, största delen af marken öde och oupodlad. Hwad som än saknades i oredan, skulle girigheten uträtta. Ryktet hade ej förr utspridt, at S. Barthelemy skulle transporteras på Swerige, förr än man sålde alla ouptagne platser på Öen, ja til och med de 150 Fot kring stranden, som altid böra wara och äro Kronans egenteliga ägendom. Detta riktade en wiß Wederbörande och de förste Köpare. Den förre fick penningar för den ägendom han ej ägde, och den sednare sålde, med några hundrade proCents winst, sin köpta Krets, som öfwer alt, men i synnerhet wid den tiltänkta Staden, blef alt dyrare och dyrare. Men låt oß nu närmare efterse beskaffenheten af Upodlingen, och om den kan förbättras.

A 5 Capitl.

Capitl. 3.
Dens märkeliga Beskaffenhet i anseende til Upodlingen. Kan den förbättras?

Deß magra och stenbundna Jordmån tyckes wara den tjenligaste för Bomullen, som ock är den endaste upodling Inbyggarne ännu handhafwa. Den skal wara den bästa i Westindien, och bestå af twänne slag. Priserna, dem emellan, bero på finleken och godheten, och äro i proportion, som 2 til 5.

Af en ottondedel, hela Dens upodlade mark, får man, i fruktbärande år 3 til 400 Balar Bomull. Häraf kan man sluta til förhållandet, om Culturen förbättrades, och resten af den tjenliga jorden tilbörligen ansades och upodlades. Förfarenheten har lärt, och på stället wisat, at Bomullen wäxer ymnogt, och trifwes wäl emellan berg och stenar, på torr och högländ jordmån. Detta ger mig anledning tro, at om man undantager skarpa bergs-spitsar, släta hälleberg och odugeliga torra backar, äro ännu fem-ottondedelar öfrige, som med fördel skulle betala et mödosamt arbetes beswärligheter. Oaktadt al både möjelighet och winst, kan dock föga uträttas, utan tilräckeliga händer, penningar och drift, som saknas hos största delen af de förre Habitanterne.

En werksammare upmuntran af Swenska Gouvernementet; förskott uti penningar; Negrers

grers förskaffande; stränga tilsägelser om de oupbrukade ägendomars confiscation, om de ej, inom en wiß utstakad tid, undergingo den förändring, som åskades: äro, kan hända, de endaste medel, at införa en annan Upodling, uphjelpa Bomulls Culturen, och bringa alt til den högd af fullkomlighet, det kunde antaga.

Socker-rörens Plantering har man ej ännu tänkt på. Om den kunde werkställas, som wäl möjeligt kan wara, lärer den dock så liten waracktighet, när man tager i öfwerwägande: en för Socker mindre tjenlig Jordmån; de få ställen där Planteringar kunna ske; litet, eller intet nog färskt watten, som är dock så högst nödwändigt för de späda Sockerrören; samt jordens bättre emplojerande til annan mer lönande Cultur.

Caffé-trädet torde til äfwentyrs winna större framgång, oaktadt de många widriga försök, som af en del Habitanter blifwit gjorda. Af de många wilda trän, som här wäxa frodigt, kan man sannolikt sluta, at alla fruktbärande träd skola, med mer och mindre möda, ernå tilräcklig upkomst, om man sorgfälligt winlade sig om deras planterande och skötsel.

Grönsaker, som endast fordra den minsta möda, sakna ock samma handlägning. Dock wil man förmoda, at de winna skyndsammare befordran, när, och om de med tiden, af flere, hälst Europeiske, på redden liggangande Fartyg, nog beadrligt skola efterfrågas, til at upfriska Sjöfolket med, och förändra den salta föda, som, i detta heta Climat, tyckes wara mindre hälsosam.

Maniocken har här, som på andre Öar, lika omwårdnad, och är den endaste, som förtjenar namn af födande frukt; om jag undantager Angoliska Arter, som här wäxa i ymnoghet, hwar som hälst de planteras. Ananas, Pommeranser, Apelsiner, Citroner med mera, äro i så liten mångd planterade til dato, at de knapt förtjena nämnas; men de få, som där finnas, trifwas wäl, och äro äfwen så wackra samt wälsmakande, som på någon af de andre Antilliske Öarne.

Bland de wilda Träd, som öfwer alt wäxa på Ön, äro Pockenholtz och Manchenille de ansenligaste och största. Det förra, som af dem kallas Gayac, är dock nu för tiden så mycket uthuggit, at man knapt finner något högt och tjockt. För flera år tilbaka nyttjades detta Träd af inbyggarne til allehanda Husgeråds saker, som af dem förfärdigades, och nog begärligt efterfrågades af närstgränsande Öar. Manchenille-träder brukades i förra tider, til inläggning i allehanda Hus-Meubler, af Snickare. Färgen är gul; deß saft, som i ymnoghet utrinner, då qwistar afbrytas, eller sjelfwa trädet nedhugges, ser ut, som hastigt lupen mjölk. Om man får litet deraf på Huden, swullnar Köttet; nedswälljer, är man i fara om lifwet;

och

och i Ögat, blir man blind, i fall man ej nyttjar den af Negrerna almänt wedertagna method, at straxt pålägga et med Sjöwatten wäl genomwätt kläde.

Raquetter, samt andra törne- och tistel-wäxter intaga alla rymder, af den oupodlade Öen, brukas äfwen til gärdesgård, men göra, i almänhet, passagen ganska swår för andra Kreatur, än getter, som med lätthet öfwerstiga deße hinder, för at upsöka löf, bark, och ostörde få äta bomull, den de med ull och frön lika begärligt nedswällja.

På deßa Raquetter wäxer en frucht, så stor som en walnöt, har tunt skal, upfyld inuti med en rödachtig wätska, af angenäm smak, utanpå betäckt med hwaßa, små, fina och prickwis utstående taggar, som, då fruchten handteras, ingå oförmärkt i huden, och förordsaka ledsam olägenhet. Af denna saft skulle man kunna bereda win, eller åtminstone en swalkande och wälsmakande dryck. Af Sempervivum, som där fins tilräckeligt, är det man får den något styfwa men fina tråd, som är dugelig at knyta Manchetter af.

Et träd bör jag ej heller gå förbi, som är af ansenlig nytta, och i stor mångd på Öen. Tamarind-trädet, stort och lummogt, wäxer äfwen wildt, kunde widare planteras, hwar som hälst, och skulle tilräckeligt fournera alla wåra Apothequer och Tobaks-Fabriquer med sin syrliga frucht. Skalet på Fruchten är gråbrunt til färgen, til utseendet så
stort

stort som skidan af en Sockerärt, med platta hårda Ärter inuti, som äro omgifne med en tjock och syrlig deg. Denna Frukt skales, lägges hwarftals, såsom Sill i fjerdingar, med påströdt socker, och öfwerföres til Europa, hwar den, efter behofwen, undergår widare preparation. På S. Barthelemy har man än ej lärt, eller rättare utöfwat denna simpla, men på andra Öar riktande Konst.

Flere på Apothequet nyttige wäxter och trädslag, som Saßafras, Aloë, Caßia, wäxa äfwen wilda, i mer och mindre mångd. Af dem kunde man draga stor fördel, om man bekymrade sig dermed. Få Habitanter känna dem til namnet, mycket mindre til nyttan.

Från längre tid tilbaka, har på Ön warit en Indigo-Fabrique, som någon af Habitanterna wiste berätta, och wisade mig lemningarna; men nu war det en raritet få se några buskar. En åter grönskande upkomst af detta för wåra Färgerier nyttiga träd saknar, om det, jemte andra wäxter och frukter från omliggande Öar, kunde med fördel införas och cultiveras, et förut nämt understöd.

De på denna Ö wäl af naturen anlagde Salt-krikor hafwa förr frambragt och meddelt öfwerflödigt och godt Salt åt nästgränsande Öar. Sednare tider har Regeringen, som warit ägare härutaf, försummat rensa och wårda dem; hwarföre de ansenligen för-

förfallit. De kunna med liten kostnad åter uphjelpas.

Capitl. 4
Särskilt Beskrifning om Hamnen, Staden och Fästningen.

Emellan de Klippor och Holmar, som jag redan nämt, äro flera säkra inlopp för de så kallade Goiletter i hamnar här och där belägna, af hwilka den betydeligaste är wid Carenage på W. N. W. sidan af Ön, där den tiltänkta Staden skal anläggas. Denna lilla ovalformiga Hamn har et fördelaktigt läge inom några klippor, holmar, et näs och en udde, som göra honom til säker tilflyckt för 40 a 50 små Fartyg under den häftiga Ouragans-tiden. Stor skada at den ej är större och djupare. Fartyg, som gå djupare än 9 Fot, kunna ej inlöpa. Om möjeligheten kunde bifalla en lyckelig utgång af en drifvande och beswärlig kostnad med denna Hamnens upmuddrande, tror jag at man, hälst man häraf både i Fred, men i synnerhet i Krig, mellan de magtägande Potentater i America, med skäl hade at förwänta förmoner, som i alla afseenden skulle upwäga den härpå anwända omkostningen. Oacktadt deßa til framtiden lemnade anstalter för stora Fartyg, saknar man ingen beqwämlighet för små. Där finnes til och med Kölhalnings-ställe, hwaraf denna Ort, så wäl som

som flere i Westindien, fådt sit namn Care-
nage.

Litet utan före nyßnämnde Hamn är en
Redd, hwar alla djuptgående Skepp ankra
på en god, något hård, och mäst af kalksand
bestående grund. Här kunna öfwer hundrade
stora Fartyg ligga i säkerhet för det oroliga
hafwets wåldsamma böljor inom några klip-
por, holmar, och en i sjön utstigande udde,
under 9 Månaders tid, då den altjämt rådan-
de Passade-winden utöfwar sit herrawälde på
alla Westindiens Kuster. De 3 öfrige Må-
nader af året äro de twungne at söka säkra-
re Ort.

Ouraganerne börjas merendels, då de
infalla, midt i Julii Månad, och continuera
med mer och mindre häftighet til Medium af
October. Under denna tid kan dock stundom
wara så angenämt wäder, som andra beha-
geliga årstider; men emedlertid osäker, huru
länge deßa wackra dagar räcka, wågar man
sig aldrig ut med stora Fartyg. Med deßa
är man mycket nögd kunna ligga oskadd i de
bästa Hamnar. Små Goiletter gå dock Har-
ne emellan denna tid. De äro gemenligen
snälle seglare och ej djuptgående; derföre göm-
ma de sig snart undan när fara påkommer.

Ouraganer äro et slags häftiga windar,
med hwilkas wåld ingen ting kan jämnföras.
De kullkasta hus, hela städer, byar, stora
rotfasta träd, och uptöra den til orolighet be-
nägna Oceanen med sådant gny och wåldsam-
het,

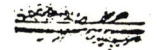

het, at de i Hamnen liggande sjömän med fasa höra, och långt ifrån betrackta de skyhöga wågors hiskeliga obändighet, och grufweliga stötande mot klipporna. Det händer ibland, at inga Ouraganer infalla. Det ostadiga och ungefärliga tecknet härtil är et starkt och hårt stormwäder, beledsagadt med regn och täta byar Månaderne förut.

Den redan uptagna och til Stad ämnade plats ligger omkring den nyßnämda Hamnen. Wid wår ankomst funnos endast 5 a 6 osnygga Kojor, men wid afresan öfwer 20 rymliga och wackra Hus, upbygda af bjelkar och bräder, samt täckte med tunna Ceder-bräden.

Man fick med nöje och förundran tilfälle betrackta, huru detta i början på alt ting bristande, obyggeliga och ödelika ställe i hast upsteg til en medelmåttig Samleplats af flera människo-slägtets angenäma läckerheter och takfwande behof. Knapt hade wi warit på stället några dagar, förrän flere Wärdshus, af bräder wårdslöst upreste, anbudo, mot Contanter, torstiga Främlingar, af de i hettan nödwändiga och wederqweckande Liqueurer; annars äro rödt Win och Watten, samt Lemonade de drycker, man här gemenligen brukar mot törst.

Man ditförde från S. Eustache til en början mat och drickswaror, fruckter, bröd, bräder, sparrar, Handtwerkare, Hus-meubler, med mera. Och ständigt från denna tid

B kom-

kommande och gående Americanska Fartyg förskaffade nog en åstundad rest, samt alla til Husbyggnad och Skepskölhalning tjenliga materialier, som började blifwa alt mer och mer nödwändiga.

Flere rike Köpmän, af Martiniques Tidningar underrättade, at Carenage tils widare, och med säker förmodan för framtiden, blef förklarad för Porto Franco, kommo från S. Martin, S. Christopher, och andre nästgränsande Öar, men i synnerhet från S. Eustache, för at betjena sig af tilfället, och låta sina penningar inflyta i en ständigt tiltagande Handels-rörelse. Man har at förmoda en större öfwerflyttning af både penningar och folk från omliggande Öar, när det hinner blifwa kunnigt, hwad förmåner och friheter Hans Kongl. Maj:t, Sweriges Konung, förundt denna Hamn och Stad.

Wille man widare befästa denna Ort, har naturen lemnadt dertil ganska tjenliga ställen på twenne Klippor, och på en Högd utan för Hamnen, från hwilka man kan wäl se alla fiendteliga rörelser i sjön, beskjuta annalkande Fartyg, samt hindra dem ingången i Hamnen och på Redden emellan Klipporne. Naturen har så wäl anlagt dessa ställen, at man, med liten kostnad och några Canoners tilhjelp, skulle kunna befästa dem, och derigenom sätta Staden, Redden och Hamnen i fullkomligaste säkerhet för alla obehageliga följder af en starkare magt.

De

De andra ställen af Öen woro däremot ej så lätt at förswara eller befästa; men den risque Fienden hade at ankra, på werkeligen farliga, med fördolda Klippor upfyllda, obekanta Kuster; hittils obanade wägar; den lilla winst han kunde wänta af fattige Habitanter, skulle nog garantera för all landstigning på de öfriga ställen af Öen.

Den gamla Fästningen blef af oß reparerad, en ny Flaggstång upstäld och 8 Canoner ditförde. Af 47 Mans qwarlemnade bewakning gjör en Corporal och några Man ständig wakt, samt raportera Gouverneuren om ankommande fartyg.

Brist på Hus föranlåt wåre där warande Swenske at upslå Segel-tält wid Hamnen på en Slätt. Gouverneuren fick änteligen för egen räkning hyra sig en liten byggning af twenne små rum och et derefter paßande kök. Men nu hade man redan börjat anlägga stora, wackra, kostbara Hus, som snart nog hade blifwit färdiga, om man i den proportion continuerat, som man började. Wid byggningens upförande fick annars hwar och en Habitant efter råd och lägenhet wara behjelplig med några Negrers ditskickande: och detta war äfwen den endaste Skatt Kronan af dem kunde begära. De hafwa aldrig betalt Skatt til Franska Kronan.

Men jag bör wäl ej heller förglömma at orda något om wåra qwarlemnade Swenske Herrar och Män. De lefwa anständigt och wäl mål på Kronans bekostnad, samt omgås som Bröder med hwarannan. Swenskarne äro där ej så få, som mången tror. Utom Herr Gouverneuren Baron Salomon von Rajalin, Hr Adjutanten Rosenstein, Hr Doctor Sahlberg, Hr Pastor Thunborg, twenne Under-Officerare, 47 gemena Man, och några Gouverneurens Domestiquer, woro där en Köpman Hanson från Stockholm, twenne Bröder födde i Götheborg, men nyligen öfwerflyttade från St. Martin, wid namn Aman, utom andra som bo på nästgränsande Öar, och ditkomma at hälsa på sina Landsmän med rikt lastade Fartyg. Utomdes bo i Staden Ängelsmän, Holländare, Tyskar, Judar, med hwilka de hafwa sällskap.

Capitl. 5.

Folkets Antal, Seder, Religion och Gjöromål.

Wid wår ankomst steg antalet af folkhopen ej högre än til 600 Personer af alla Åldrar och Kön, hwaraf en tredjedel woro swarte Slafwar, och resten eller twå tredjedelar frie hwite Habitanter, som nästan alla äro beslägtade och härstamma från några Franska Familier. Under wårt wistande öktes antalet med 200, som flyttade med Negrer och Hushåll annorstädes ifrån til Carenage.

Folkets Charactere är som på de andre Fransska

ſka Har, om jag undantager den ſkilnad, ſom fattigdomen åſtadkommer; och den lårer wara ſå ſtor, at den fordrar en liten ſårſkilt afmålning.

Naturen har bibehållit hos dem den munterhet, den förekommande höflighet mot främlingar, det intagande wåſende, man gemenligen finner hos Franſka Nakionen, och fattigdom med ſtrångt arbete har deremot afhållit dem från det högmod, yppighet, otålighet, ſom caracteriſera andra deras Landsmän i Weſtindien.

De äro således ſparſamme, arbetſamme, nyktre, renlige, enfaldige, redlige och okonſtlade. Alt twunget och ſjelftaget wåſende finnes ſållan i deras Caractere; derföre ſaknar man ock hos dem den belefwenhet, den granlagenhet i ſmå ſaker, ſom deras Stamfäder ſå mycket winlägga ſig om. Alle lika goda, lefwa de äfwen utan rang- och afundſjuka.

Bägge Könen äro på et ſimpelt ſätt klådde. Manfolken bruka långbyxor, kort tröja af randiga lärfter eller andra tunna tyger, och gå merendels utan wåſt, halsduk och ſtrumpor. I rådſla för en coup de ſoleil, ſom är mycket farlig, bruka de ock almänt et hwitt kläde kring hufwudet under hatten. Fruntimren klåda ſig på Europeiſkt wis med ſnörlif, kjortel och tröja, eller et ſlags Robe med litet ſläp efter, och en upſatt möſſa på hufwudet, nåſtan lik wåra Fruntimmers Negligeer. Deras kläder äro ock af tunna tyger, ſåſom Cattuner, Sitser eller tryckte Lärfter. Sådane äro de klädda i Kyrkan och i Sällskap; men hemma gå de gemenligen hwar dag barfotade, endast med en tun kjortel och hwitt kläde om hufwudet, eller swart solhatt, då de gå ut. Kläder och Linne äro altid snygge, wäl gjorda, renliga och hwita. Kan hända, at man här får göra den nödiga anmärkning, at Fruntimren äro mer fula än wackra.

Männernas gjöromål är at upodla jorden, göra nät, fiska, med mera, samt föregå sina Slafwar med et godt exempel i tålamod, arbete och förnöjsamhet med naturens få behofwer, och på et almänt försigtigt sätt förwandla sina händers möda i de nödwändigaste waror, deras lilla hushåll fordrar. Fruntimren åter, at twätta, sy och förrätta alla hushålds gjöromål hemma. Understundom följa de dock sina Negreßer, (om de hafwa några), på fältet, för at deltaga i det arbete, som ej fordrar för mycken styrka. Den fina Bomulls-tråd, de spinna på handräck eller slända, förtjänar at nämnas. Denna tråd nyttjas at sy, at knyppla med, at knyta nät, at sticka strumpor af, och är dertil nästan tjenligare, starkare och finare än den bästa af lin: skålpundet kostade 3 Piastrer, och et par strumpor af samma tråd 8 dito; men då äro de ock så fina, at bägge på en gång skola gå genom en ordinaire guldring.

Deras hus äro små och så otäte, at fyrföttingarne spatsera fritt öfwer bord, bänkar och

och sängställe. Utomdes wore det ock mycket swårt at utestänga deße oblyge gäster. Några lerkäril, en eller twå krukor at gömma watten uti, äro nästan deras endaste meubler. Utom et litet wisthus, hafwa de twenne boningsrum. De ligga gemenligen i breda hångmattor, som tjena dem til bolster, lakan och täcke.

Deras måsta nöjen bestå uti dans, hwartil de öfwerlemna sig utan mått. Ingen wecka går förbi, med mindre både unge och gamle samlas en gång til detta gjöromål. Fruntimren äro i synnerhet begifne derpå. Dansen är sådan som i Europa, hwarifrån den är tagen; men ej så regelbunden och fullkomlig. Twänne dålige Violister äro deras bästa och endaste Musicanter.

Negrernes tilstånd är mildare på S. Barthelemy, än på de andre Öar. De hafwa ej så grymma Husbönder; de få mat och kläder. För öfrigt kan i almänhet sägas om både Habitanter och Negrer, hwad jag omrört i de förra Capitlen.

Religionen är Catholsk, och alla Habitanterne komma tilsamman Sön- och Helgedagar i en liten Stenkyrka, en half mil från Carenage, at hålla sin Gudstjenst. Kockaren, som bor wid Kyrkan, förrättar den ceremoniela Meßan. Och sedan sången, knäfallningen, bugningen, kryßningen wid Altaret för hwar och en äro slutade, gå de ut, och börja dansa kring Kyrkan.

B4 Den

Den har ingen egen Präst. En Munk boende på S. Martin kommer hit 4 a 6 gånger, wid en determinerad tid, om året, at förrätta nödwändiga ämbets-gjöromål. Wil man annars skicka efter honom, låter han så drygt betala sig, (om man annars kan öfwertala honom) at en fattig Inbyggare ej har tilfälle utlägga en så stor Summa. En dylik händelse skedde under wårt wistande därstädes. Han blef anmodad resa dit i en angelägen ämbets-förrättning. Wägrad, at få et åstundat accord, nekade han komma; och när man med skäl sedan förebrådde honom sit upförande, sade han rent ut: Je ne me soucie pas de S. Barthelemy: je ne veux pas être gené; car j'ai assez de soutien à la maison. Habitanterne woro bekymrade så en egen Präst; men de woro för fattige och för få, at kunna sammanskjuta så stor lön, som dertil åtfordras.

Af de samtal jag hade med dem flera gånger angående Religions-mål, kunde jag förnimma, at om man wille, och det ej wore mot Conventionen Swenska och Franska Kronorne emellan, skulle utan stora swårigheter Barthelemisterne öfwertalas, at antaga Lutherska Läran.

Alla på stället tala sit gamla Modersmål; men det har förlorat något af sin renhet, hälst bland Negrerne, som så rådbråka orden, at man knapt wet, om det är Fransyska eller ej. Några af de betydeligaste bland Inwånarne tala äfwen Angelska, som man kan anse för et universelt och måst gångse Språk öfwer hela Westindien.

Under wårt wistande på stället hade jag tilfälle, at bli bekant öfwer alt på Öen, och, om jag får säga, war knapt någon Koja där jag ej warit. Häraf kände jag de förmögnaste Habitanter, de wackraste Situationer, och de ställen, hwar en Sjöman kunde erhålla någon uplifwande Recreation, sedan han länge warit på sjön.

Jag fick dock länge förut wandra Habitationerne imellan, fråga och bli skickad hit och dit, innan jag träffade hwad jag sökte. Nöjd med en så rar uptäckt på en mager ort, går jag tilbaka om bord, frågar mina wänner, om de hade lust spisa middag up i landet nästa Dag. Hwad? finnas sådane anstalter på S. Barthelemy? Jo, ej allenast mat, nöje och wacker utsigt, utan I skolen där ock så uplifwa Er Swenska Smak med Swenska Rätter. Topp! ware sagt och gjordt. Wi kommo, och til deras stora förundran hade jag med flit låtit anrätta en måltid af kokta ägg, filebunka, stekte Kyklingar och Maniock=bröd. Wi spisade, drucko rödt win och watten med största smak och nöje. Derpå roade wi oss medan Solen kastade sina hetaste strålar, betracktade sedan Habitanternas dans, deltogo i deras nöjen, och wände om.

B 5   Capitl.

Capitl. 6.

Kreatur, Naturalier, Fiskerier.

Af Kreatur funnos 5 Hästar, några Oxar, några flera Kor, Får, mycket Getter, som i detta heta Climat behålla samma art, egenskaper och utseende som i Swerige. Där finnas äfwen Swin, Gäß, Ankor, Kalkoner, Pärlehöns, andra Höns; men antalet är mycket obetydligt.

Om Kreaturen skola och kunna förökas, bör man wara angelägne om bättre, och mer födas förskaffande, på de öfwer alla Antillerna torra betesmarker, och i synnerhet hafwa de dryga transporter af watten, som närmast hämtas från S. Christopher.

Denna Ö fournerar watten åt flere af de nästgränsande Öar, som gemensamt hafwa samma bedröfweliga öde med S. Barthélemy, at där infaller ofta enwis och långwarig torka, och åter så öfwerflödigt regn, i synnerhet näst före och under Ouragans-tiden, at alt ej kan gömmas eller wäl conserveras i deras få och otilräcklige Cisterner. Några Brunnar finnas på sina ställen, som gifwa et saltsött watten: de kunna ganska wäl upgräfwas, och gjöras större, til at afhjelpa denna trångande brist, om man gjorde alfware dermed. Månge fattige Habitanter betjena sig af detta watten til alla behofwer. Jag war twungen flera gånger dricka däraf för törst, men det war

hårdt

hårdt at pågå: utom smaken war det tjockt och til utseendet liksom blandat med litet mjöl. Det wore dock til önskandes, at man på stället hade eller kunde så noq deraf: lätteligen kunde man förbättra det, eller åtminstone göra det klarare.

Af wilda Djur finnes stor myckenhet Ödlor, eller de så kallade Forfättningar. De skiljas til storlek och färg. Somliga äro 2 alnar långa och deröfwer, som af Habitanterne ragouteras, och ätas med begärelse: andra äro smärre, och wistas omkring Husen. De äro alla mäst gröna, grå och fläckige til färgen. Ormar äro mycket sälsynte, äfwen som Skorpioner: dock finnas de här och där.

Man ser ock några Skogs-Dufwor, som tillika med andra ätelige Foglar, flytta til S. Barthelemy höste-tiden. Utom Fiskemåsar, och någre andre småfoglar, finnas på S. Barthelemy således inga andra Djur. Muskiter eller Myggor äro dock där rätt månge och förargelige.

Jag började samla några Naturalier, såsom Coraller, Sten-arter, Fiskar, små Foglar; men flera hinder och oöfwerwinneliga swårigheter föranlåto mig lemna en antagen Deßein, och skänka mitt lilla förråd åt min wän Doctor Fahlberg, som haft tid at förse sig med större samling, hwilken han låfwade föröka och almänheten derom uplysa wid hemkomsten.

Fiske

Fiske idkas mycket af inwånarne med både not, ryßjor och kastnot. Man får flera rätt besynnerliga Fiskslag, af hwilka Horn- och Skinfisken äro de märkwärdigaste. Den förre är hård som horn, af nästan triangulaire skapnad, har stora ögon som Gjösen; den senare består af skinn och wåder, utan något ben och kött, samt full med hwaßa åt stjerten lutande taggar. Efter berättelse fås bland annan Fisk flere sorter förgiftige, bland hwilka de twenne nämde slag lära wara inberäknade. Man fångar äfwen Sköldpaddor, större och mindre, wid stränderna, til ansenlig mängd. Landt-Sköldpaddor finnas där ej, enligt den kunskap jag skaffade mig derom,

Capitl. 7.

Orsaken til Waru-prisernas olika förhållande i almänhet på alla Har; men på S. Barthelemy i synnerhet.

Den stora Mängd af alla Europeiska Waror, som under och efter sista Kriget blifwit transporterad på Americanska Archipelagen, samt den lätta, jag kan säga dagliga Communication dem emellan, gjöra at mången Seglare stundom ångrar hafwa följt en wäl reglerad och förnuftig speculation. På S. Barthelemy befordras nämde Communication genom 6 a 7 Öen redan tilhörige Fartyg. Alla

Alla Warors beredande, förädlande och hitförande från Europa torde ock något bidraga til et stundom stigande stundom faliande Pris på flera saker. Få waror förfärdigas i Westindien. Utom Skräddare äro där få Handtwerkare; ingen på S. Barthelemy. Man köper til och med gjorda skjortor, skor m. m. i Köpmans-bodarne.

Men så godt Köp man, under wårt wistande på Öarne, fick på alla slags Köpmans-waror, så dyre wero deremot alla anstalter af mat, dricka, twätt, nöjen, sjuklöv, ja änteligen alt som fordrade människo-åtgärd. En stark Circulation och myckenhet af Penningar, lätthet at kunna förtjena, jämnwigtens bibehållande emellan underhåll och förtjenst, nödwändighet af mycken uppaßning, snygga hus och meubler, hafwa mer och mindre bidragit til denna stegring; och fingo wi Swenskar dyrt betala wår nyfikenhet och alla nödwändiga behofwer på de ställen af Öarne wi frequenterade.

På alla ställen, hwart hälst man kommer i America, äro Spanska Penningar merendels gångbara. De undergå allenast annat namn. På Engelska Colonierna huggas Piastrerne midt i tu, i fjerdedelar, ottondedelar, för at hindra utförslen af penningar, som likwäl sker på den Swenske, och på de Holländske Besittningarne, hwaräst detta styckade mynt är lika gångbart med annat. Jag håller mig wid Franska Namnen på Penningarne. Se här en liten Reduction til Swenskt Mynt.

En

En Moit = 8 Piastrer; 1 Piaster = 11 Escalins = 44 Skill. specie = 4 Picettes = 66 Nois; 1 Escalin = 6 Nois = 4 Skill. specie; 1 Fransk Livre = 1 och en half dito de Colonie = 20 Sous dito.

Man får dock observera, at jag med flit satt Piaster i stället för Gourd, efter man så kallar deßa i Europa; men på Colonierna är Piaster långt mindre än Gourd. Efter deras räkning är en Gourd lika med 11 Escalins men en Piaster endast 8 dito.

För at undwika klander af en mindre accurat öfwersättning på några Köpmanstermer, wil jag förnöja någons nyfikenhet, kan hända, med Utdrag af Martiniques Tidningar på Fransyska, angående Priserna på de betydeligaste Waror, som följer:

Prix courans des Marchandises de France à Saint Pierre, le 26 Maji 1785.

	Livres.	Sous.	Deniers.
Vin vieux	150 à 250		
— nouveau	110 à 130		
— de Provence	66 à 75		
— de Cote	83 à 85		
Farine de première qualité	75		
Farine de Normandie seconde qualité	65		
Boeuf de Cork	100 à 105		
— Première qualité	85		

Petite

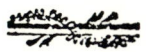

	Livres.	Sous.	Deniers.
— Petite Viande	75		
Eau de vie en encres	24	15	
Beurre à la rose	100		
Jambons		38	
Chandelles moulées		21	
Bougies	4	10	
Lardes en planches		27	
Savon	80		
Cordages assortis	66 à 70		
Clous assortis	90 à 95		
Huile en cave	16 à 21		
— en caisse	33 à 36		
Riz	50		
Morue première qualité	50 à 55		
— seconde	42 à 45		
Barbue	36 à 38		

Prix des Denrées de la Colonie.

	Livres.	Sous.	Deniers.
Sucre fleuret	70 à 75		
— première qualité	68 à 70		
— seconde	64 à 66		
— petit blanc	60		
— commun	54 à 56		
— petit commun	45 à 50		
— tête	38 à 42		
— brut	30 à 33		
Caffé nouveau		$22\frac{1}{2}$	
Cacao		14	6
Coton	225 à 230		
Taffia	95		
Farine de Manioc	54		

Det torde til äfwentyrs röa mången få höra Priset på hwarjehanda Saker, såsom:

	Gourd.	Escalins.
En ordinairt wacker Häst	100	
1 Dito sämre	40 à 50	
1 Oxe	40 à 50	
1 Får	4 à 6	
1 Get, som mjölkar	8	
1 Dito som ej mjölkar	3 à 4	
1 Kalkon	2½	
1 Gås		
1 Anka		
1 Höna		
1 Tjog Ägg		
1 Kanna Mjölk		4
1 Mark Fisk		2
1 Hwitkåls-Hufwud af högst 5 tums diameter		2
1 Bouteille Porter	½	
1 Bouteille rödt Win		2
1 Par Skor, högst	1	2
1 Par hwita Bomulls-strumpor		7
1 Aln fint hwitt Lärft		4
1 Öfwerskjorta	2½	
I twätt för en Skjorta		2
För en Ridhäst en half Mil fram och tilbaka		3
För en Middags-måltid	1½ à 2	
1 Glas Lemonade		2

Häraf kan man ungefärligen dömma til annat.

Capitl.

Capitl. 8.
Hwad fördel Swerige kan wänta sig af denna Ö.

Efter alt utseende, och så mycket man kan och bör sluta af den på en så kort tid gjorda förändring, kan man nog säkert säga: at en med så många Förmåner försedd Ö, och en så wäl af naturen placerad Hamn skola ditlocka Seglare från Fasta Landet och Spanska Colonierna, hwaraf Swerige kan wänta sig stora fördelar. I fall detta lyckas, blir S. Barthelemy en Nederlags-plats för alla Westindiens rika Producter, och Swenske Köpmän behöfwa ej ur tredje och fjerde handen förskrifwa flera betydeliga Waror.

Stora Capitaler äro wäl härtil nödwändige, men kunna ej saknas, sedan Hans Kongl. Maj:t på det eftertryckeligaste sätt sökt upmuntra både Främlingar och Swenske Handlande at ditföra Penningar och Waror.

Wår Nådige Konung, som har tagit och tager ömaste omsorg och del i Nationens winst och fördel, har utom flere wisa anstalter, til en början, på wiss tid årligen förunt en ung Köpman 500 Riksdaler specie til Handelens upkomst i den rikaste Werldens Del, hwarigenom wårt Fäderneslandet bör, i den mån Handelen anses för en af de betydeligaste

E ste

ste grenar til et Rikes upkomst, tilfalla ögonskenliga fördelar.

Winningslystnaden låckade redan dit, under wårt korta wistande, många mindre Handels-Fartyg, lastade med Socker, Tobak, Caffé, Rum, Cacao-bönor, och andra härliga Producter från omliggande Öar.

Twänne Skepp, från Stockholm och Götheborg, hafwa warit de förste Swenske Copvardie-Fartyg, som dragit fördel af denna wår Nådige Konungs Patriotiska Omsorg, och genom en i alla afseenden lyckelig resa äfwen bidragit til at upmuntra andre förmögne Handlande, at ditsända af Landets Producter.

Jag kan ej just säga eller noga upräkna hela deras Last, men så wet jag dock at deribland woro: Stångjärn, Spik, Järnband, Järnsmiden, Tåg, Bräder, Fläsk, Kött, Mjöl, Öl, Gryn, Ärter och Sill, samt några Ostindiska Waror. Med hela förrådet af Matwarorne skedde en skyndsam afsätning: det öfriga är mer underkastat särskilta tilfällen och omständigheter, och gick afsätningen derföre mera långsamt.

Til slut wil jag anföra några Persedlar, som kunna med fördel winna Afsätning, och äro nästan altid begärlige: som til exempel alt

alt slags Proviant, Spik, i synnerhet den som nyttjas wid taktäckningen af 2 tums längd, stora Kopparplåtar til Distillers-pannor, gröfre Lärfter eller blaggarn til Negrernas beklädning, och Järn, hälst fint Knippjärn, som nyttjas wid Fabriquers reparerande, eller andra dageliga behof.

Och härmed ware nog sagt om Swenska Ön S. Barthelemy i des Uphof.

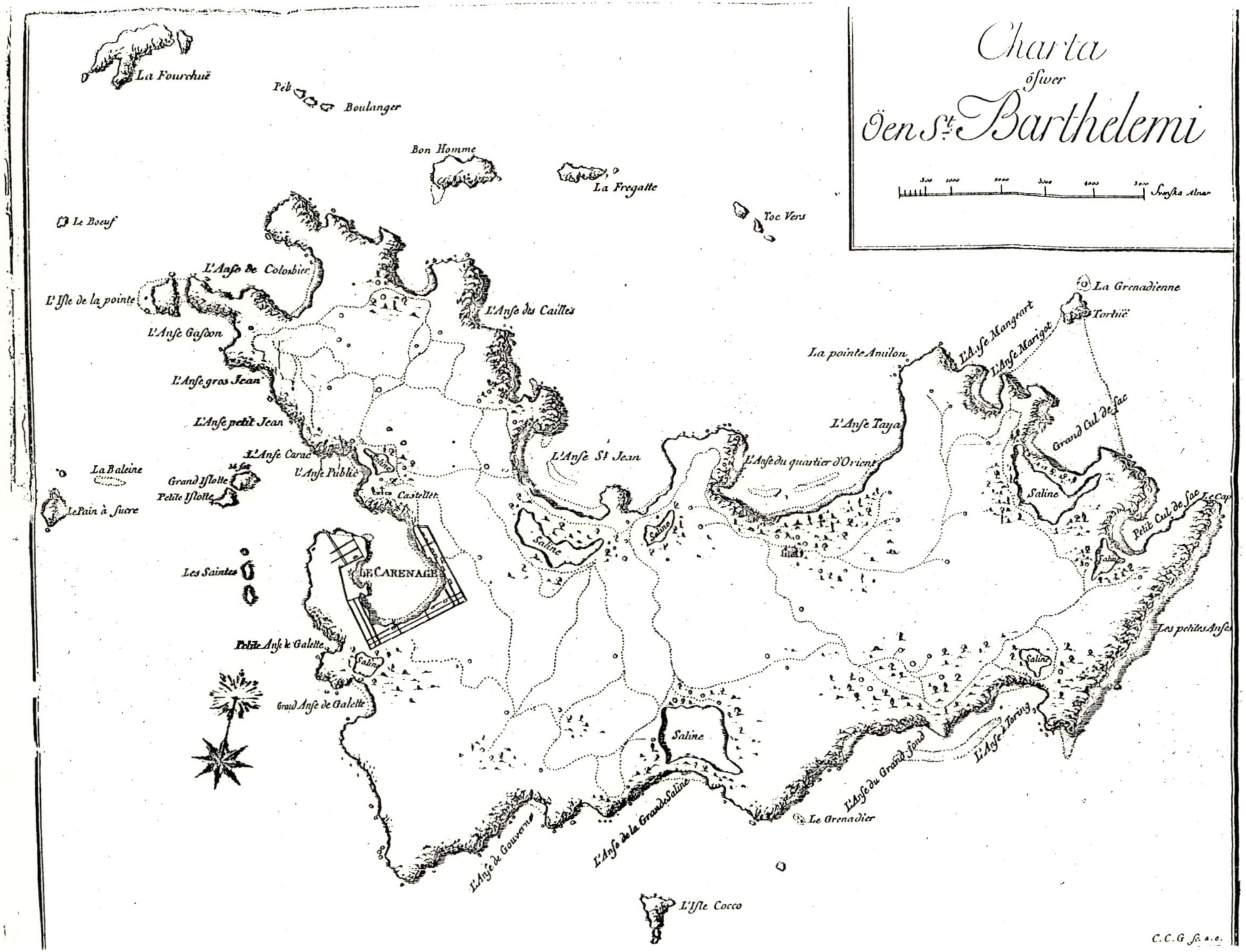
Charta öfwer Öen St. Barthelemi
Swenska Alnar
La Fourchuë
Pelé
Boulanger
Bon Homme
La Fregatte
Toc Vers
Le Boeuf
L'Anse de Colombier
L'Isle de la pointe
L'Anse Gascon
L'Anse des Cailles
L'Anse gros Jean
L'Anse petit Jean
L'Anse Carac
L'Anse Public
La Baleine
Grand Islotte
Petite Islotte
Le Pain à Sucre
Castellet
L'Anse St Jean
Saline
Les Saintes
LE CARENAGE
Petite Anse le Galette
Grand Anse de Galette
L'Anse de Gouverneur
L'Anse de la Grande Saline
L'Anse du Grand-fond
Le Grenadier
L'Isle Cocco
L'Anse du quartier d'Orient
L'Anse Taya
La pointe Amilon
L'Anse Mangeart
L'Anse Marigot
La Grenadienne
Tortuë
Grand Cul de Sac
Petit Cul de Sac
Le Cap
Les petites Anses
L'Anse Toring
C.C.G sc. a. c.

Document 4

Royal proclamation on the coming of unexpected immigrants to the Island of St. Barthélemy

2 May 1786

Kongl. Maj:ts

Nådige

Kungörelse,

Til hämmande af obetänkte Utflyttningar til Ön S:t Barthelemy.

Gifwen Stockholms Slott then 2 Maij 1786.

Cum Gratia & Privilegio S:æ R:æ Maj:tis.

STOCKHOLM, Tryckt i Kongl. Tryckeriet.

Wi GUSTAF med Guds Nåde Sweriges, Göthes och Wendes Konung 2c. 2c. 2c. Arfwinge til Norrige, Hertig til Schleßwig Hollstein 2c. 2c. Göre weterligit, at sedan Wi under then 7 September sistledit år, underrättadt Wåre trogne undersåter, om then å en under Sweriges Krono lydande Ö, St. Barthelemy uti West-Indien, inrättade Frihamn eller så kallad Porto Franco, samt tillika om the förmoner Wi i Nåder bewiljat them, som kunde finnas hugade, at sig therstädes nedsätta; hafwe Wi af inlupne underrättelser förnummit, huru åtskillige af Almogen theraf tagit sig anledning, at wilja utur Riket til thenna Ö sig begifwa: Men som Wi med en billig ömhet för theras wälfärd och bästa, icke kunnat förena, at låta them igenom et orätt förstånd af ändamålet med thenna Wår Nådiga Författning, föranledas til et företagande, hwilket skulle blifwa för them af the olyckeligaste följder; så wele Wi härmed i Nåder förklara, at ofwannämde Wår Nådiga Kungörelse endast warit ämnad til theras upmuntran, som på berörde Ö welat sig nedsätta, för at therstädes drifwa Handel, men at thes widd aflägsenhet, kostnaden af en lång och äfwentyrlig sjö=

resa,

resa, Ons trånga omkrets, som ej kan emottaga eller underhålla något större antal Innewånare, brist både af jord, kreatur, bygnings-ämnen och wedbrand med mera, ej annat kunna än försatta uti ytterstå förlägenhet the Jordbrukare, som ther skulle wilja söka sit hemwist och öfwergifwa et kärt Fäderneßland, hwarest the så wäl, som theras Förfäder, under then Högstas wälsignelse, kunna åtnjuta både bergning, heder och trefnad. Wi wele therföre anbefalla samtelige Wåre Befalningshafwande, at ytterligare härom underrätta Innewånarne uti the them Nådigst anförtrodde Län, på et sätt, som öfwertygar them både om theras egit bästa och Wår Nådiga omwårdnad. Thet alle, som wederbör, hafwa sig hörsammeligen at efterrätta. Til yttermera wißo hafwe Wi thetta med Egen Hand underskrifwit och med Wårt Kongl. Sigill bekräfta låtit. Stockholms Slott then 2 Maji 1786.

GUSTAF.

E. Schröderheim.

Document 5

The Swedish government's concession for the establishment of a Swedish West India Trading Company

31 October 1786

Kongl. Maj:ts
Nådiga
PRIVILEGIUM,
Til
Uprättande af et Swenskt WestIndiskt Handels=Compagnie.

Gifwet Upsala Slott then 31 October 1786.

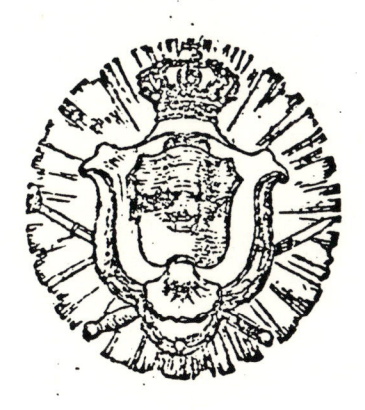

Cum Gratia & Privilegio S:æ R:æ Maj:tis.
STOCKHOLM, Tryckt i Kongl. Tryckeriet.

Wi GUSTAF med Guds Nåde Sweriges, Göthes och Wendes Konung ꝛc. ꝛc. ꝛc. Arfwinge til Norrige samt Hertig til Schleßwig Hollstein ꝛc. ꝛc. Göre weterligt, at som til Rikets wälmåga och anseende thet i märkelig mon bidrager, at utrikes handeln i möjeligaste måtto sträckes til alla sådana orter, ther the nu mera nödwändige blifne handelswaror måga utur första handen kunna anskaffas och afhemtas, men Wåre trogne undersåtare hittils icke haft tilfälle, at någon ordentelig handel på the WestIndiska Öarne och Norra America inrätta och drifwa; Så hafwe Wi warit i Nåder omtänkte, at, ej allenast genom ingående af en Wänskaps och Handels-Tractat med the Förenade Americanska Staterne, utan ock medelst tilwinnande af Ön St. Barthelemy under Swenska Kronan, gifwa handeln åt förenämde Werldsdel mera fäste och säkerhet: Och emedan all handel, som drifwes på aflägsne orter, fordrar större penninge-styrka och widsträcktare anstalter, än af enskilde personer hwar för sig kunna åstadkommas, och tå således handeln på WestIndien, om then ej annorlunda än af särskilde personer, utan samband med hwarandra, idkas, kunde i flera tider blifwa swag, oftast skadelig för thet enskilta, lika ofta för thet almänna; Ty hafwe Wi i

A 2

Nåder

Nåder pröfwat för godt, at genom thetta Wårt öpna Bref och Privilegium octroyera och fastställa en Association, af, under namn af Swenskt West Indiskt Compagnie, för en tid af Femton efter hwarandra följande år, räknade ifrån then första Januarii nästkommande år 1787, idka och drifwa siöfarten och handeln på St. Barthelemy och the öfriga til West Indien räknade Öar samt Norra America, med efterföljande wilkor och förmoner, nemligen:

§. 1.

I kraft af thetta Wårt öpna Bref och Privilegium, som inom förenämnde tid af Femton år hwarken må återkallas, rubbas eller ändras, lemne och förunne Wi i Nåder the redelige och i handel kunnige Män, som Wi til Directeurer för thetta Swenska West Indiska Compagnie nu i början utsende warda, så wäl som ock alla Wåra trogna Undersåtare, hwilka uti thetta Compagnie deltaga wilja, tilstånd och frihet, at idka handel och siöfart på Ön St. Barthelemy och the öfriga til West Indien räknade Öar samt Norra America, derifrån likwäl undantagne sådana orter, hamnar, öar och strömmar, som andra Europeiske Magter och Stater äro tilhörige, och hwarest the någon enskild handelsrättighet sig förbehållit eller sig förwärfwat, så framt icke thertil nu eller framdeles theras tilstånd och uplåtelse erhålles.

§. 2.

Then fond, som til thenna handels inrättande och ståndiga wid magt hållande under ofwannämnde tid blifwer nödig, kommer at samlas genom subscriptioner,

och

och på thet thermed ordenteligen må tilgå, wele Wi i Nåder utnämna wißa Fullmägtige, hwilke hafwa at utsätta och almänneligen låta kungöra en wiß termin af twänne eller trenne månader, inom hwilken hwar och en af Wåra trogna undersåtare må äga rätt och frihet, at sig anteckna för så stort capital, som han i berörde fond wil och kan insätta, under the wilkor bemälte Fullmägtige äfwen, jemte terminen, komma at kungöra, och skola alla theßa capitaler för all pålaga och afgift, af hwad namn then wara må, så wäl som ock för all confiscation både i krigs- och fredstider wara och blifwa befriade.

§. 3.

Compagniet tillåtes at bruka, bekrafta, utreda, equipera och efter godtfinnande bewära så många skepp årligen, som thet kan finna sig til thenna handel behöfwa, utan at wara bundet til något wißt antal, hwilka skepp få nyttja wimpel och flagg, samt i West-Indiska farwattnet, tå ej något Örlogsfartyg för handen är, Kronans flagg, och komma theße skepp at afsegla ifrån Stockholm eller Götheborg, samt at äfwen på någotdera af theßa ställen wid återkomsten landa och loßa.

§ 4

Om Compagniet uti thes nu lofgifne handel och sjöfart skulle blifwa i någon måtto oroadt, förhindradt eller förfördeladt, utaf hwilken och hwarest thet ske må, äger Compagniet, i kraft af thetta Wårt öpna Bref och Privilegium, full magt och myndighet, at på alt nödigt och tienligt sätt förskaffa sig fullkomlig rätt och ersättning, samt at bemöta wåld med wåld: Wiljande

A 3

W

Wi wid alla sådana tilfällen förunna Compagniet Wår sonnerliga Nådiga protection, så at Compagniet genom repressalier, om thet ej annorlunda ske kan, til sin rätt komma må, äfwensom, under ofredstider, Compagniet äger at niuta thet beskydd i thes handel och siöfart, som af Oß i sådan händelse kan til säkerhet för Rikets handel i almänhet pröfwas nödig.

§. 5.

Directeurerne skola wara berättigade at sins emellan, til Compagniets och then West Indiska handelns inrättning, i stånd sättande, wid magt hållande och tiltagande, författa sådana conventioner, öfwerenskommelser, reglementen och författningar, som the, efter thetta Wårt i Nåder them meddelte Privilegium, nödigt och nyttigt finna, hwilka conventioner, öfwerenskommelser, reglementen och författningar, sådane, som the antingen i början göras, eller efteråt förändras, widtagas och slutas, skola wara lika så giltige och kraftige, som woro the af Oß särskilt confirmerade och stadfästade. Compagniet warder ock, i anseende til alla ärender och afhandlingar, som Compagniet röra, från stämpladt pappers bruk frikalladt.

§. 6.

Directionen til- och afsätter thes högre och lägre Betiening, antager och förhyrer Capitainer eller them, som skeppen föra skola, så wäl som Siöfolk, Arbetare och Handtwerkare, hwilke alla böra sig til noga efterrättelse ställa the ordres, befallningar och reglementen Directionen för them utfärdat eller utfärdande warder, samt Directionen wid alla tilfällen lydno och hörsamhet wisa.

§. 7.

§. 7.

The Besättningar, Handtwerks- och Arbetsfolk, som i Compagniets tienst antagas, skola therunder af ingen, eho thet wara må, förhindras eller therifrån tagas: The äro ock, så länge the i Compagniets tienst förblifwa, antingen the wistas hemma eller borta, frie för all wärfning och prässning, samt för sig sielfwe, jemte hustrur och barn, från alla borgerliga onera, af hwad namn the wara måga, så framt the ej hus och gårdar äga samt borgerlig näring idka.

§. 8.

Compagniet förunnes ock i Nåder samma jurisdiction öfwer alla thes Betiente så i land som til siös, som thet OstIndiska Compagniet uti 20 §. af thet för samma Compagnie utfärdade öpna Privilegium i Nåder är öfwerlåten.

§. 9.

Uti alla mål, som röra Compagniet och thes Interessenter i anseende til then WestIndiska handeln, står Compagniet under ingen annans än Wårt och Rikets Commerce Collegii jurisdiction.

§. 10.

Alla effecter, waror och förnödenheter, som Directionen finner nödigt at til then WestIndiska handelns och siöfartens behof ifrån then ena inrikes staden eller hamnen til then andra låta transportera, skola från Landttull wara befriade, äfwen som the waror, hwilka Directionen i nyssberörde afseende låter från utrikes orter införa, blifwa från inkommande Siötull fritagne, dock at sådane waror på tullen riktigt angifwas och

lem-

lemnas under Tullkammarens lås och wård i Compagniets egna magaziner, til thes the komma at i skeppen inlastas, då för the utrikes warorne wid utgåendet betalas en fierdedels procent i recognition, hwarifrån dock thet myntade eller omyntade silfwer, som Compagniet til sin handels förnödenhet inkomma låter, skal wara undantaget, åfwen som ock för then proviant och ammunition, som til Besättningarnes underhåll och förnödenhet så under resan som å Ön St. Barthelemy samt til skeppens wärn och utrustning beharfwas, ingen utgående tull betalas; men för alla inrikes producter eller tilwerkade waror, som til skeppens lastande intagas och directe til St. Barthelemy med Compagniets eller befraktade Swenska skepp utföras, betalas then maniga stora Siötullen allenast til twå trediedelar af hwad 1782 års utgående Siötullstaxa therå utsätter.

§. 11.

Enår Compagniets skepp hemkomma, skola the innehafwande laddningar och waror genast ifrån skeppen i Compagniets magaziner inläggas, och sedan genom offentelig auction af egen edswuren Utropare, å sådana tider, som Directionen thertil tienligast finner, samt under sådana wilkor, som Directionen föreskrifwer och kungör, til then mästbiudande försäljas, hwarwid Compagniet är tillåtet, at nyttja eget mått, mål och wigt, behörigen justeradt och crönt. Utaf alt thet, som af thesa laddningar til fremmande orter utskeppas, och hwars netto belopp efter auctions prisen determineras, betalas til Oss och Kronan af Compagniet eller Köparen en fierdedels procent i recognition, men för hwad som til Inrikes consumtionen uti Wårt Rike och thertil höran=

hörande Provincer qwarblifwer, twå tredjedelar af then nu å sådana waror, enligt 1782 års Tulltaxa, subsisterande eller framdeles blifwande tull, såsom hwaruti alla å inkommande waror tilförene utsatte särskilte afgifter nu mera äro inbegripne: Börande warorne icke förr utur Compagniets magaziner til köparne lefwereras, än med wederbörande Tullkammares frisedel är bewist, at tullen blifwit til förenämde belopp betald, dock skola til köparne, så framt the inom tiugu fyra månader efter auctions dagen något af sådana til inrikes consumtion köpte waror skulle til utrikes orter afskeppa, antingen i rudimateria såsom thet inkommit, eller ock härstädes förädladt, en sådan af them utgifwen tull af Tullkammaren återbetalas, med innehåll af ofwanförmälte en fjerdedels procent recognition, som då kommer at theraf erläggas: Och skal Compagniet icke mera uti tull, hwarken för inkommande eller utgående påläggas och affordras, eller af Compagniet betalas, än uti thenna och nyß föregående 10. §. är utsatt.

§. 12.

Emot thet Wi til Compagniet i Nåder öfwerlåte the på Ön St. Barthelemy inflytande Tullafgifter, Hamnumgälder, Paßpenningar, Wågpenningar, Capitations- afgiften och öfriga inkomster, jemte the Oß och Kronan på Ön tilhörige Saltkrikor, åligger thet Compagniet at å St. Barthelemy anlägga et skepps- hwarf, rensa och förbättra hamnen therstädes, sätta Salt- krikorna i thet stånd, at the efter thessa femton årens förlopp kunna förbättrade återlemnas, samt betala och aflöna alla the Embetsmän och Betiente, hwilke så wäl til Justitiens och Policens handhafwande, som öfriga befattningar nödiga äro: och som Wi Sielfwe wele i Nåder låta besörja och föranstalta om aflöningen och underhållet för Wår på Ön förordnade Gouverneur samt then therstädes förlagde Garnison; Så förbehålle Wi Oß theremot en fierdedel af the i förenämde måtto til Compagniet öfwerlåtne Tullafgifter, Hamnumgälder, Paßpenningar, Wågpenningar och Capitations-afgiften, som, enligt Compagniets theröfwer hållande Bok, befinnas hafwa til Compagniet influtit, hwilken fierdepart kommer af then generale uppå thenna inkomst grundade cassa at månadtligen aflemnas til Wår på Ön förordnade Gouverneur emot thes therå til afgifwande quitto.

§. 13.

Alla på St. Barthelemy, efter Wårt Nådiga föranstaltande, redan giorde eller påbörjade byggnader och inrättningar, undantagande hwad för Gouverneurens, Garnisonens och förswarswerkets förnödenheter erfordras, wele Wi til Compagniet jemwäl i Nåder öfwerlemna, med wilkor, at sådane byggnader och inrättningar af Compagniet så handhafwas, at the wid Octroy tidens förlopp kunna til Oß och Kronan i lika godt stånd återställas.

§. 14.

Compagniet lemnas ock frihet at drifwa Slafhandeln på Angola och Africanska kusten, ther thet tillåtet är, samt at af andra Nationer låta befrakta Compagniets skepp på hwilken Werldsdel som helst, enär Compagniet sådant förmonligt finner.

§. 15.

§. 15.

Likaledes äger Compagniet tilstånd och rättighet, at så wäl på St. Barthelemy som här i Swerige anlägga sådana inrättningar, hwarigenom alla sorter West Indiska waror och rudimaterier kunna förädlas, samt at, wid skeende utförsel af sådana förädlade waror, therföre niuta lika export-præmier, som för samma slags tilwerkningar redan här i Riket bestås.

§. 16.

Compagniet lemnas ock öpet at på alla ställen i West Indien, ther thet tillåtet är eller blifwa kan, hålla Contoir och Factorier, men egenteligen på St. Barthelemy, hwarest thes nederlagsplats och magaziner komma at inrättas; och bör Compagniet, i alt hwad thes åtgärd rörer, ställa sig til efterrättelse thet Reglemente angående Styrelsen på Ön St. Barthelemy, som Wi under thetta dato låtit i Nåder utfärda.

§. 17.

Ehuru, ensigt redan widtagne Författningar, thet icke är betaget hwarken In-eller Utländsk man at på Ön St. Barthelemy idka handel och siöfart, så komma likwäl inga andra än the, som i thetta Compagnie ingå och theruti deltaga, at åtniuta the Compagniet samfält härmed i Nåder uplåtne serskilte förmoner och friheter: Wiljande Wi i öfrigt thetta Compagnie i Nåder försäkra, at under förenämde femton år ingen annan skal erhålla eller niuta sådana eller dylika förmoner, som thetta Compagnie i afseende på handeln och siöfarten å förenämde ställen härigenom nu tillagde äro.

§. 18.

§. 18.

Hufwud-Contoiret för thetta Compagnie blifwer altid i Stockholm, och afslutas böckerne wid hwarje års til ända löpande så tidigt, at the i Martii månad thet påföljande året kunna revideras af the Revisorer, som thertil warda utsedde, enligt thet serskilta Reglemente, som Compagniet för thes inwärtes styrelse har at til Wår Nådiga Stadfästelse i underdånighet föreslå. Thet alle, som wederbör, hafwa sig hörsamneligen at efterrätta. Til yttermera wißo hafwe Wi thetta med Egen Hand underskrifwit och med Wårt Kongl. Sigill bekräfta låtit. Upsala Slott then 31 October 1786.

GUSTAF.

J. Liljencrants.

Document 6

**The Swedish government's
regulation concerning
the time citizens on the island St. Barthélemy
have to look after their requirements
in bankruptcy cases outside Sweden
and likewise also for citizens here
in Sweden, in observing the rights
of such parties on the island in forfeiture.**

7 September 1791

Kongl. Maj:ts
Nådiga
Förordning,

Angående

Tiden så wäl för Borgenärer å Ön St. Barthelemy at bewaka deras fordringar uti de inom Sweriges Rike sig yppande Concurs-twister, som ock för Borgenärer här inom Riket at likaledes deras rätt i akt taga uti dylika å berörde Ö förefallande mål.

Gifwen Drottningholms Slott den 7 September 1791.

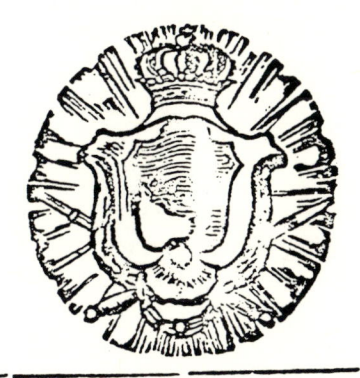

Cum Gratia & Privilegio S:æ R:æ Maj:tis.

STOCKHOLM, Tryckt i Kongl. Tryckeriet, 1791.

Wi GUSTAF med Guds Nåde, Sweriges, Göthes och Wendes Konung ꝛc. ꝛc. ꝛc. Arfwinge til Norrige, samt Hertig til Schleßwig Hollstein ꝛc. ꝛc. Göre weterligt, at som den uti 6. §. af Wår Nådiga Stadga, angående Afträdes- och Förmons- samt Boskillnads- och Urarfwa mål af den 26 Augusti 1773 stadgade tid af sex månader för Borgenärer, at hos Rätten sig inställa och sine fordringar förete samt lagligen bewisa, i anseende til Ön St. Barthelemys afstånd ifrån Wårt Rike, funnits wara otilräcklig ej mindre för Borgenärer, som å berörde Ö bo och wistas, at deras fordringar uti de här inom Riket sig yppande Concurs-twister bewaka, än för Borgenärer här inom Riket, at likaledes deras rätt i akt taga uti dylike å berörde Ö förefallande mål; Altså hafwe Wi i Nåder ansedt nödigt, at härom förordna, som följer:

§. 1.

Då Concurs-mål här inom Riket angå någon upgifwen wetterlig Borgenär å Ön St. Barthelemy, åligger det Domstolen i Staden eller Domaren å Landet, hos hwilken Concurs-målet är anhängigt, at i likhet med hwad, rörande Utrikes Borgenärer uti Wår Nådiga Skrifwelse af den 12 September 1780 är föreskrifwit, til Wårt och Rikets Cantzli-Collegium insända en kort Kungörelse om Gäldenärens ansökning och at offentelig kallelse på hans Borgenärer blifwit honom bewiljad, hwilken Kungörelse genom Cantzli-Collegii försorg öfwersändes til Wår Gouverneur eller i hans ställe tilförordnade Befälhafware

)(2

å

å Den St. Barthelemy, och af Gouverneuren eller Befälhafwaren tilställes Borgenären med påtecknadt bewis, när han af den samma del undfått; Hwarefter Borgenären har, så kärt honom är, at af sin fordran icke blifwa förlustig, at sist inom Klockan Tolf å Trettionde dagen derefter, den dagen oräknad, då han således härom blifwit bewisligen underrättad, anmäla sig hos Gouverneuren eller Wår derstädes tilförordnade Conseille, til afläggande af Borgenärs-eden och tillika ingifwa sin egenhändigt eller genom Laga Fullmägtig underskrefne Inlaga med de bewis, hwarpå hans fordran sig grundar; Hwilka handlingar, sedan å Inlagan blifwit tecknad dagen, då den är worden ingifwen, och en lika lydande douplette eller afskrift af handlingarne, med bifogad öfwersättning på Swenska språket, i händelse de äro på utländskt språk författade, blifwit inlemnad, Gouverneuren eller Befälhafwaren äger jämte behörigt bewis öfwer den inför Conseillen aflagde Borgenärseden, at med första lägenhet öfwerskicka til Cantzli-Collegium, som låter deßa handlingar Concurs-Domstolen tilhanda komma. Dock är det emedlertid icke de öfrige Borgenärer betagit, at efter inställelsedagen besörja om Gäldenärens afstådde fasta Egendoms försäljning; Änskönt de på Den St. Barthelemy wistande wetterlige Borgenärers Inlagor ännu icke inkommit; Afwensom deras uteblifwande icke eller bör föranleda til upskof med sakens afgörande, så wida, churu Dom i saken fallit, Domstolen lika fullt är obetagit at utan hinder deraf om den ifrån St. Barthelemy sedermera tilkomne Borgenärens rätt emot Gäldenären. och de öfrige Borgenärerne serskilt Laga utlåtande efter Målets beskaffenhet meddela, så framt icke saken redan blifwit til högre Rätts pröfning dragen, i hwilket fall den efteråt anmälte Borgenärens Inlaga och dertil hörande handlingar böra af Concurs-Domstolen insändas til den Rätt, dit

saken

saken blifwit fullfölgd, at öfwer hans fordran, sedan de öfrige Parter deröfwer blifwit hörde, derstädes dömas. Men på det en sådan Borgenär genom Concurs-massans efter föregången Dom skedde utdelning, icke må blifwa lidande; ware det uti slike Concurs-mål icke tillåtit för Borgenärer at annorledes, än emot Laggild Borgen, emedlertid de dem tillagde medel lyfta.

§. 2.

På det andre Inwånare å Ön St. Barthelemy, som äfwen kunna hafwa fordringar uti här inom Riket förefallande Concurs-mål, men såsom icke wetterlige ej fått serskildte kallelser, icke måtte i brist af kunskap om Concursen, gå miste om deras rätt, så åligger det Direction wid Westindiske Compagniet at hwarje gång deras Skepp til berörde Ö afgå, öfwersända til Gouverneuren derstädes de emedlertid utkomne Swenska Post-Tidningar; om hwilkas ankomst Gouverneuren äger at utfärda Kungörelse med tilkännagifwande, at hwar och en til deras genomseende äger fritt tilträde; Och har sedan den, som förmenar sig äga någon fordran uti någon här inom Riket yppad Concurs, at sist innan Klockan Tolf å Trettionde dagen, efter det en sådan Kungörelse blifwit Publicerad, den dagen oräknad, då Publication skedde, at på sätt uti 1:sta §. är stadgadt, hos Gouverneuren eller Conseillen sig anmäla til Borgenärs-Edens afläggande och sin Inlaga ingifwa; Ställe sig ock Gouverneuren eller den i hans ställe tilförordnade Befälhafwaren samt Concurs-Domstolen til efterrättelse, hwad samma §. innehåller angående Handlingarnes öfwersändande och serskildt Laga utlåtande, i händelse Dom innan deras ankomst, angående de öfrige Borgenärerne redan fallit.

§. 3.

Enär Concurs-twister å St. Barthelemy sig yppa, så åligligger det Conseillen, at genom Gouverneuren ej allenast til Cantzli-Collegium, så fort sig göra låter, öfwersända Stämningar eller Kungörelser til de här inom Riket wetterlige Borgenärer, utan ock änskönt någon Borgenär här inom Riket icke wore upgifwen, Concurs-målet i alt fall til Cantzli-Collegium inberätta, som låter derom uti Post-Tidningarne kungöra, och för öfrigit genom wederbörande Wåre Befallningshafwande drager försorg om Stämningarnes fortställande til de wetterlige Borgenärer, hwilka äga, at inom Klockan Tolf å Trettionde dagen, ifrån den dagen räknad, då de af Stämningen del erhållit, hos Wår Befallningshafwande i orten ingifwa Inlaga med dertil hörande handlingar och bewis, at de inför någon Domstol deras fordringar med Ed fästat. För andre Borgenärer, som icke erhållit serskildte stämningar, ware samma Lag och Fatalier, räknade ifrån den dag Post-Tidningen, som innehållit Kungörelse om Concurs-Målet, til det Post-Contoir, som är närmast Borgenärens hemwist, ankommit; hwarom bewis tillika hos Wår Befallningshafwande bör företes. Wår Befallningshafwande äger sedan, at desse Handlingar til Cantzli-Collegium öfwersända, som besörjer om deras fortställande til Conseillen på St. Barthelemy. Och rätte sig för öfrigit uti sådane Concurs-twister, deri någon här inom Riket boende Borgenär blifwit såsom wetterlig upgifwen, så wäl Conseillen i anseende til sakens afdömande, som de öfrige Borgenärerne, hwad angår Concurs-medlens lyftning, efter hwad uti sådane wid Swenska Domstolar anhängige Mål uti 1 §. är föreskrifwit.

§. 4.

Til förekommande deraf, at Borgenärerne ej måge onödigtwis beswäras med den här ofwan stadgade borgen uti sådane mål, deri wetterlige Borgenärer blifwit upgifne, eller länge wara i osäkerhet om de medel de lyftat, så bör Conseillen

å

å St. Barthelemy i den händelse någon weterlig' Borgenär icke inom Laga tid, efter det han Kungörelsen erhållit, sig anmäler, sådant med näst derefter afgående skepp til Cantzli-Collegium inberätta, som deraf genom Concurs-Domstolen lemnar Borgenärerne del.

Ilika måtto åligger det wederbörande Wåre Befallningshafwande, at derest de här inom Riket warande weterlige Borgenärer försumma, at sig hos Wåre Befallningshafwande inställa inom den föreskrifne tiden ifrån erhållen del af de ifrån Conseillen å St. Barthelemy utfärdade Stämningar eller Kungörelser, sådant anmäla hos Cantzli-Collegium, som derom gifwer Conseillen tilkänna, til des och Borgenärernes underrättelse.

Det alle, som wederbör, hafwa sig hörsammeligen at efterrätta. Til yttermera wißo hafwe Wi detta med Egen Hand underskrifwit, och med Wårt Kongl. Sigill bekräfta låtit, som skedde på Drottningholms Slott den 7 September 1791.

GUSTAF.

L·S·

C. J. Herhjelm.

Document 7

Chart of the channels and outlets
between the islands
from St. Barthélemy to Dog and Prickle Pear
from the latest observations

by Samuel Fahlberg
1792

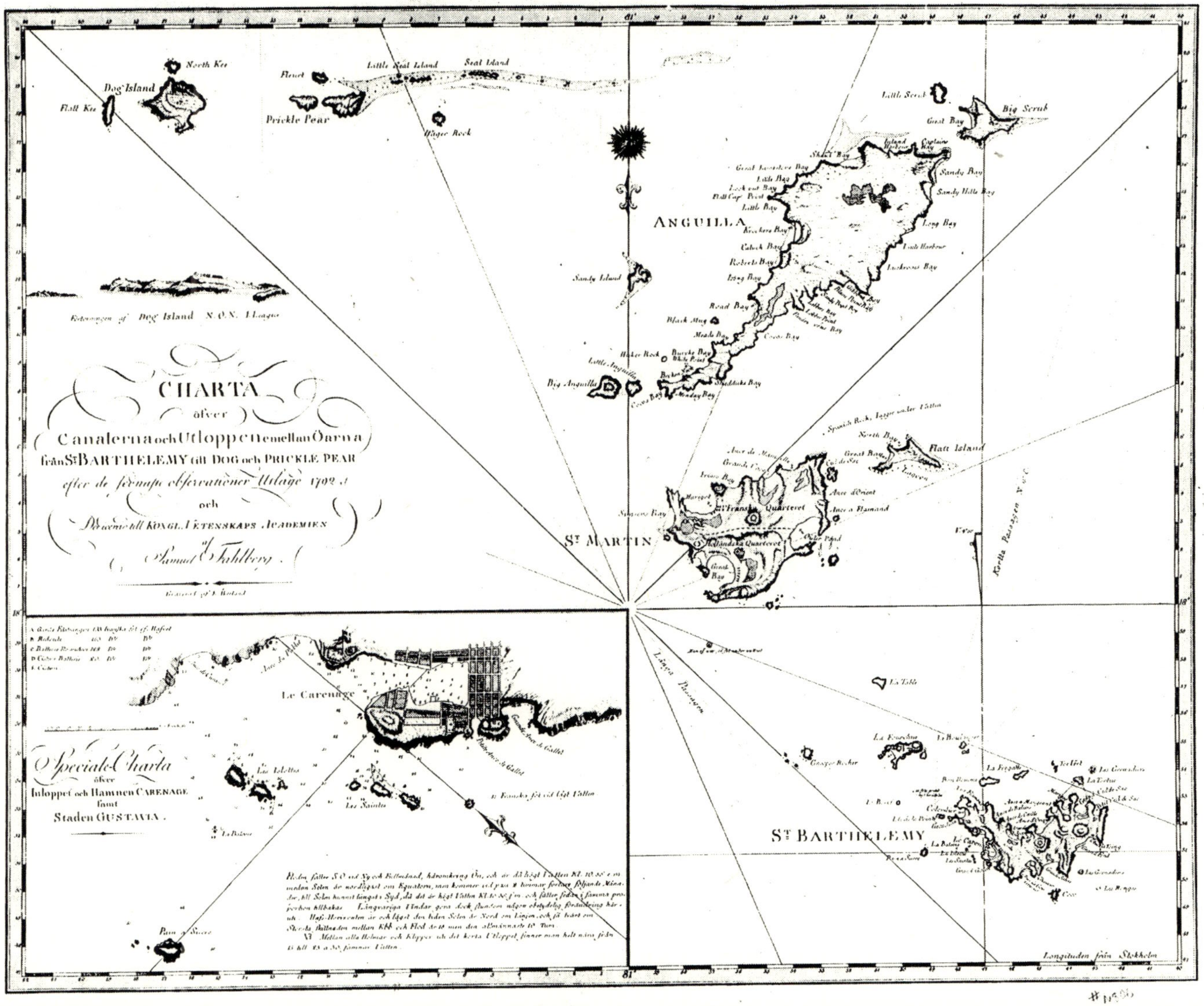
CHARTA
öfver
Canalerna och Utloppen emellan Öarna
från St. BARTHELEMY till DOG och PRICKLE PEAR
efter de senaste observationer Utlagd 1792
och
Dedicerad till KONGL. VETENSKAPS ACADEMIEN
af
Samuel Fahlberg
Speciale Charta
öfver
Inloppet och Hamnen CARENAGE
samt
Staden GUSTAVIA
ANGUILLA
St. MARTIN
St. BARTHELEMY
Dog Island
North Kee
Flatt Kee
Prickle Pear
Flenet
Little Seal Island
Seal Island
Hager Rock
Sandy Island
Little Scrub
Big Scrub
Big Anguilla
Little Anguilla
Flatt Island
Le Carenage
Les Saintes
Längsta Passagen
Longituden från Stokholm

Document 8

Royal proclamation

Rights in courts of law relating to the governors
on the island of St. Barthélemy
in official circumstances.

6 September 1797

Kongl. Maj:ts Nådiga Kungörelse,

Rörande

Rätter Domstol i Mål, som angå Gouverneurens å Den St. Barthelemy förhållande i Embetet.

Gifwen Stockholms Slott den 6 September 1797.

Cum Gratia & Privilegio S:æ R:æ Maj:tis.

STOCKHOLM, Tryckt i Kongl. Tryckeriet.

WI GUSTAF ADOLPH
med Guds Nåde Sweriges,
Göthes och Wendes Konung ꝛc. ꝛc. ꝛc.
Arfwinge til Dannemark och Norrige,
Hertig til Schleßwig Hollstein ꝛc. ꝛc.

Göre weterligt: at som Wårt, angående styrelsen å Ön St. Barthelemy i Westindien den 31 October 1786 utfärdade Nådiga Reglemente wäl å ena sidan föreskrifwer i hwad ordning ändring må sökas uti de Domar och Utslag, dem Gouverneuren derstädes gemensamt med den tilförordnade Conseilen äger at meddela; men å den andra icke innehåller något stadgande, hwarest bemälte Gouverneur, der han under utöfningen af sit Embete utom Conseilen skulle med felaktigt förhållande beträdas, eller någon funno sig befogad at öfwer hans åtgärd sig beswära, bör derföre under tiltal ställas, samt den angifne felaktigheten skärskådas och afdömas; Altså och emedan Gouverneuren enskildt tilkommer dels at föra befälet öfwer den å Ön warande Militaire, dels at besörja alla med fremmande Magters Befälhafware förefallande Ministeriele mål, dels ock änteligen at meddela den handräckning, som enligt Instruction af honom begäras eller fordras kan; Ty, och i anseende til en sådan ärendernes olika beskaffenhet, hafwe Wi i Nåder funnit för godt, at härigenom stadga och förordna, at då fråga upstår om answar för Gouverneurens Embetes åtgärd, den samma skal i mål af sistnämde egenskap af Wår och Rikets Swea Hof-Rätt, hwarunder ock Westindiska Compagniets Hufwud-Contoir lyder, men i de som angå

hans

hans Ministeriele göromål af Wår Cantzli-Rätt, och uti de som åter röra hans Militaire befattning af Öfwer-Domstolen wid Wår Armée uptagas, pröfwas och afgöras. Det alle som wederbör, hafwa sig hörsammeligen at efterrätta. Til yttermera wißo hafwe Wi detta med Egen Hand underskrifwit, och med Wårt Kongl. Sigill bekräfta låtit. Stockholms Slott den 6 September 1797.

GUSTAF ADOLPH.

Jean Chr. Lindblom.

Document 9

Chart of the island of St. Barthélemy

by Samuel Fahlberg
1801

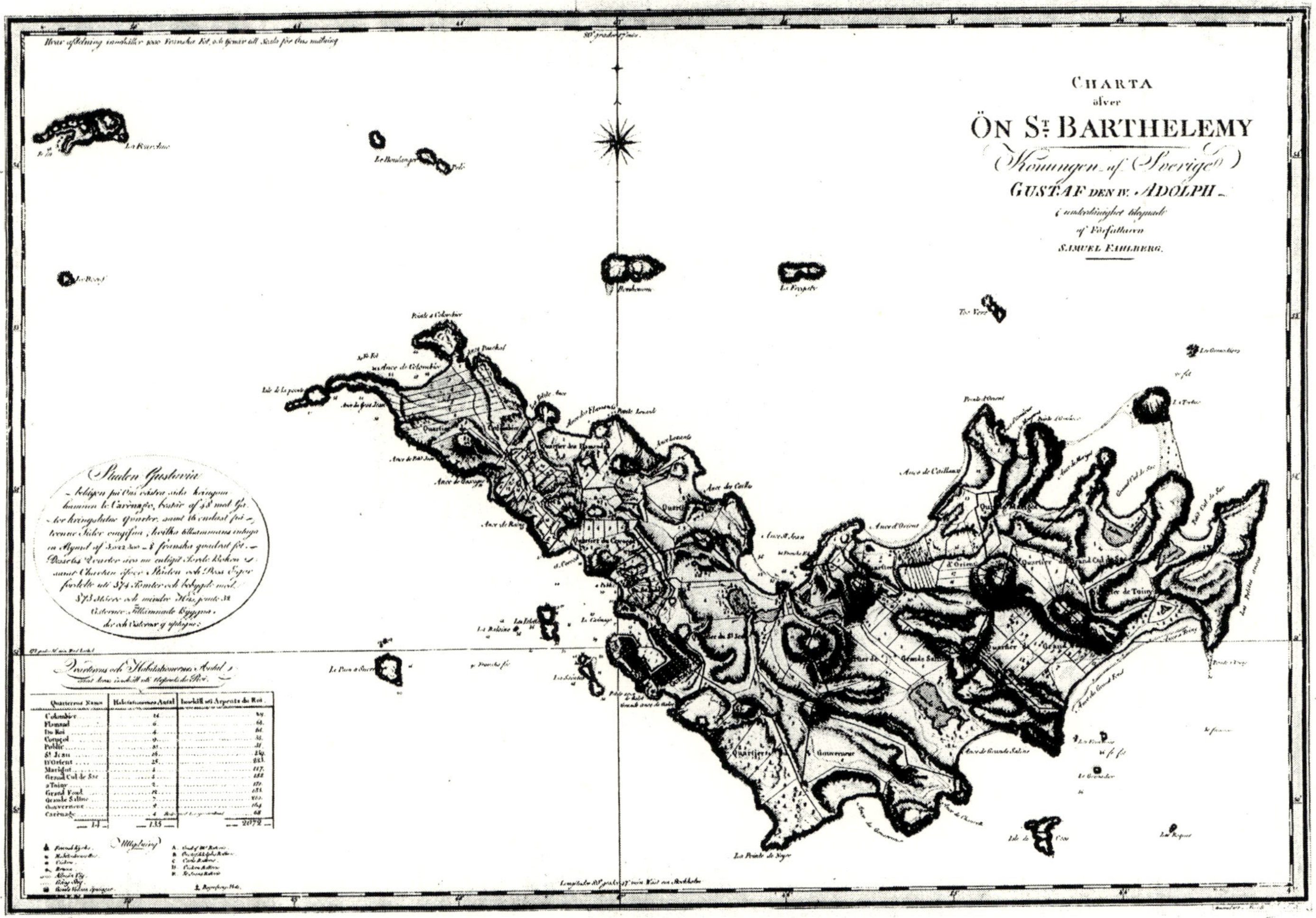
CHARTA
öfver
ÖN St. BARTHELEMY
Konungen af Sverige
GUSTAF DEN IV. ADOLPH
SAMUEL FAHLBERG.
Quartierens Namn
Habitationernes Antal
Colombier
St. Jean
D'Orient
Grand Cul de Sac
Grand Fond
Grande Saline
Carénage
14
135
2072
Anse de Grande Saline
La Pointe de Negre
Gouverneur

Document 10

Regulations relating to the management on the island of St. Barthélemy in the West Indies, in justice, police and economic matters

15 October 1805

Kongl. Maj:ts

Förnyade Nådiga
REGLEMENTE,

Hwarefter

Styrelsen å Ön S:t Barthelemy i West-Indien, så wäl i Justitiæ, Police och Oeconomie-Ärender, som i alt öfrigt kommer at förwaltas och utöfwas.

Gifwit Beckaskog den 15 October 1805.

Cum Gratia & Privilegio S:æ R:æ Maj:tis.

STOCKHOLM, Tryckt i Kongl. Tryckeriet, 1805.

Wi GUSTAF ADOLPH
med Guds Nåde Sweriges, Göthes och Wendes Konung ꝛc. ꝛc. ꝛc. Arfwinge til Dannemark och Norrige, Hertig til Schleßwig Hollstein ꝛc. ꝛc.

Göre weterligt: At som, til följe af hwad i Wår Nådiga Kungörelse af den 22 sistledne Maji, ibland annat är stadgadt och faststält, det Swenska West-Indiska Handels-Compagniets Privilegium, hwilket endast tils widare warit förlängt, med detta års slut skal uphöra, och således den rättighet, hwilken, enligt det angående styrelsen å Ön S:t Barthelemy uti Justitiæ, Police och Oeconomie-Ärender den 31 October 1786 i Nåder utfärdade Reglemente, bemälte Compagnie under des Octroy-tid warit tillåten, at genom Compagniets Embetsmän icke allenast deltaga i berörde Styrelse, utan ock at besörja upbörden af Publique inkomsterne på denna Ö, icke eller längre, än til den i förenämnde måtto utsatte tid, eller innewarande års slut, kan äga rum; Och i anseende hwartil, i stället för hwad som genom samma Reglemente warit faststält och föreskrifwit, et nytt stadgande, hwarefter Allmänna Ärenderne derstädes sedermera måga skötas och förwaltas, blifwer nödigt; Så hafwe Wi uti sådant afseende i Nåder pröfwat för godt, at härmed förordna, det kommer med handhafwandet af deße Ärender, samt så wäl Styrelsen i öfrigt, som Upbörds-Werket å bemälte Ö, ifrån och med början af nästinstundande år 1806 och tils widare, at förhållas på följande sätt, nemligen:

1. §.

Den af Oß i Nåder tilförordnade Gouverneur på S:t Barthelemy har at besörja alt hwad med de Militaire-Ärenderne och anstal-
terne

terne til Ortens försvar gemenskap äger och dertil i en eller annan måtto hörer; Och tilkommer honom således äfwen befälet öfwer den på Ön förlagde Garnizon, så wäl som öfwer den af Inwånarne derstädes uprättade Milice, enär des sammandragande skulle blifwa nödwändigt. I anseende til de Ministerielle mål, som med fremmande Magters Befälhafware kunna förefalla, iakttager och ställer sig Gouverneuren til underdånig efterrättelse den honom Nådigst meddelte särskilta Instruction. Wid alla sådane tilfällen, då Gouverneuren är frånwarande, eller af något förfall hindrad från utöfningen af sit Embete, bör Gouverneurens Adjutant, såsom den förstnämndes närmaste Man, i Gouverneurens ställe de honom eljest tilhörande göromål förrätta.

2. §.

Utom den i ofwanberörde måtto Gouverneuren ensam med Militaire och Ministerielle Ärenderne tilkommande befattning, äger Gouverneuren, med biträde af Justitiarien och Gouvernements-Secreteraren, at besörja och afgöra alla Police-ärender och Oeconomiemål: kommandes likwäl wid slike måls afgörande Protocoll deröfwer at föras; Och i händelse den eller de af bemälte Tjenstemän, som jemte Gouverneuren saken öfwerwarit, skulle i anseende til beslutet derom blifwa af olika mening med Gouverneuren, bör wäl en sådan särskilt mening införas i Protocollet, hwilket i sådant fall med första säkra lägenhet til Oß i underdånighet insändes; men det beslut, som Gouverneuren widtager, går dock altid i werkställighet. Alla så wäl i anseende til Police, som Oeconomie-ärender utgående Expeditioner, komma i Gouverneurens namn at utfärdas.

3. §.

Hwad widare angår Police- och Oeconomie-målens afgörande och grunderne för hwad som i sådant afseende beslutas; så bör derwid iakttagas och följas hwad gällande Författningar föreskrifwa, så wäl som hwad eljest

eljest hitintils öfligt warit och icke har oskäl med sig, så widt det til förhand warande omständigheter och det förändrade skick, hwaruti denna Ö sig befinner, kan wara lämpeligt, och med billighet samt god ordning står at förena.

4. §.

Lagskipningen och alla Justitiæ-Ärender på S:t Barthelemy besorjas af en Domstol, bestående af Gouverneuren såsom Ordförande, Gouverneurens Adjutant, Justitiarien och Gouverneurens Secreterare, samt trenne erfarne, pålitelige och ansedde Män af Öns Inwånare, som, på lika sätt hitintils skedt, Ortens Inbyggare inom sig äga at sjelfwe utse och wälja: Kommandes alla denna Domstols Ledamöter at först aflägga Domare-eden, innan dem någon handläggning wid berörde Ärender, såsom Domare, kan tillåtas.

5. §.

Domstolen anses för fullsutten, då fem af des Ledamöter, Justitiarien inberäknad, äro tilstädes, undantagandes de tilfällen, när mål af swårare beskaffenhet, eller som å lif och ära gå, förekomma, då Gouverneuren, så wida han ej af sjukdom är hindrad, bör, tillika med alla Ledamöterne, i beslutet deltaga: kommandes wid de händelser, då de Ordinarie Ledamöterne hafwa laga förfall, och icke kunna biwista Rättens sammankomster, så at Domstolen icke wore fullsutten, andre i deras ställen, såsom Extra-Ordinarie-Ledamöter, at af Domstolen utses och tilkallas, samt efter at hafwa Domare-eden aflagt, sine sätten i Rätten intaga.

6. §.

Kunna de, som denna Domstol utgöra, wid öfwerläggning om förekommande mål ej alle om slutet ense blifwa, gånge Dom i saken efter de flestes yttrande; men i fall rösterne på hwardera sidan skulle blifwa lika månge, gälle i civile mål de, som Ordföranden, eller den främste i Rätten bifaller, och i brottmål deras mening, som fria eller den lindrigaste är.

7. §.

I anseende til Justitiæ-Ärendernes pröfning och afgörande, har Domstolen at iakttaga och följa de Swenska Lagar och Författningar, som til det förewarande ämnet kunna wara lämpelige; men wid tilfällen, då Ärender förekomma, i afseende på hwilka Författningarne icke innehålla någon uttryckelig föreskrift, eller sådant stadgande, som efter sakens beskaffenhet finnes til denna Colonie kunna lämpas, rättar sig Domstolen tils widare efter de reglor och skäliga sedwanor, som förut å de West-Indiske Öarne, men i synnerhet å S:t Barthelemy warit såsom Lag til efterlefnad antagne: Börandes alla Domar och Utslag i Justitiæ-mål af Ordföranden och Rättens Ledamöter underskrifwas, af Notarien som fört Protocollet contrasigneras, samt efter anslag utgifwas.

8. §.

I händelse Gouverneurs-Embetet wid des befattning med Police och Oeconomie-mål, och Domstolen, hwad Justitiæ-Ärender widkommer, skulle finna anledning och nödigt, at widtaga och följa några nya bruk och författningar, skola de wäl genast af Gouverneuren til Oß i underdånighet inberättas, och Wår Nådiga pröfning underställas, men de gälla likwäl icke desto mindre emedlertid til efterlefnad, intil des Wi kunde i Nåder pröfwa för godt, at derutinnan göra någon ändring.

9. §.

Alla så wäl wid Gouverneurs-Embetet, angående Police och Oeconomie-Ärender, som wid Domstolen i Justitiæ mål fallande Utslag och Domar werkställas genast, undantagande i brottmål, som å lif och åra gå, samt i civile mål, när wärdet af det omtwistade öfwerstiger Trehundrade Riksdaler Banco-Specie. I de förstnämnde, eller swårare brottmål, underställes Domen Wårt Nådiga ompröfwande; åfwensom ingen må wara betagit, at i så beskaffade ämnen hos Oß underdånige beswär anföra, eller ock supplicando om Nåd anhålla: Och böra sådane Beswär och Nåde-ansökningar inom fjorton dagars tid, räknad

ifrån

ifrån den dag, då Domen afkunnades, aflemnas til Gouverneuren, som deröfwer infordrar wederbörandes förklaring, hwilken inom åtta dagar derefter skal afgifwas til Gouverneuren, som det sedermera åligger, at Beswären eller Böneskriften, jemte Förklaringen, Ransakningen och Domen, med första säkra lägenhet til Oß i underdånighet insända. Hwad åter angår Civile mål af ofwannämnde beskaffenhet, eller när wärdet af det omtwistade öfwerstiger Trehundrade Riksdaler Banco-Specie, må den, som tappat, sist inom åtta dagar efter sedan Domen eller Utslaget fallit, hos Gouverneuren eller ock hos Domstolen, i fall saken til des afgörande hört, anmäla, at han deruti hos Oß wil i underdånighet söka ändring, hwartil, såwida fråga är om något, som i wärde öfwerstiger förenämnde belopp i penningar, Klaganden, utan någon afgifts erläggande, bör lemnas tilstånd, då det widare honom åligger, at inom trenne weckor, räknade från den dag, då Domen eller Utslaget föll, inkomma til Gouverneuren med sin til Oß stälda underdåniga Inlaga och alla til saken hörande Handlingar, som då genast lämnas Swaranden til Förklaring, hwilken, til Oß i underdånighet stäld, bör inom åtta dagar från den tid, Swaranden af Klagandens inlaga erhöll del, afgifwas til Gouverneuren, som altsammans til Wår Justitiæ-Revision med sig först yppande säkra lägenhet insänder. För Domens eller Utslagets fullgörande ställer likwäl först den Sökande full borgen, eller sådan säkerhet, som pröfwas deremot swara. Försummas å Sökande sidan något af hwad häruti nu är föreskrifwit, gånge Domen eller Utslaget i werkställighet, utan at någon ändring deruti widare sökas må. Den med Gouverneurens Utslag i Police-mål mißnöjde Parten må, fast än Utslaget genast i werkställighet går, likwäl äga rättighet, at deröfwer hos Oß underdånige beswär anföra: hwarwid den Klagande iatttager samma tid til beswärens ingifwande hos Gouverneuren, som förut rörande beswär i Civile mål är föreskrifwit, och hwarmed Gouverneuren äfwen förfarer på lika sätt, som wid slike händelser i Civile mål ofwan stadgadt är. Öfwer de underdånige Beswärsskrifter, som til Gouverneuren ingifwas, bör han låta meddela Parterne bewis.

10. §.

10. §.

Som West-Indiska Compagniets hittils åtnjutne rättighet, at sig til godo beräkna och behålla tre fjerdedelar af de på S:t Barthelemy inflytande Tullafgifter och öfrige Publique inkomster, med innewarande års slut uphörer, och alla desse afgifter och inkomster ifrån och med den 1 Januarii nästinstundande år 1806, böra helt och hållet tilfalla Oß och Kronan, samt följakteligen äfwen för Wår och Kronans räkning upbåras; så kommer ock ifrån och med sistnämnde dag Upbörden af alla desse Intrader, at under inseende och wård af Gouverneuren, med biträde af Justitiarien och Gouverneurens Secreterare, förrättas af wederbörande Tull- Accis- och Upbörds-Betjening; Och åligger Gouverneuren, jemte dem, som med honom dela nyßnämnde wård, at hålla alfwarsam hand deröfwer, det de af Oß angående i fråga warande Publique afgifter och inkomster utfärdade Författningar på det nogaste efterlefwas, så at, utöfwer hwad deruti är utsatt, icke det minsta under någon förewåndning må fordras eller upbåras, samt at den eller de, som med något deremot stridande förfarande beträdes, genast til rättmätigt straff och skade-ersättning befordras; Och emedan så wäl Gouverneuren, som Justitiarien och Gouverneurens Secreterare blifwa Oß och Kronan gemensamt answarige derföre, at medlen i rättan tid behörigen indrifwas, lefwereras och sedermera icke förskingras; Ty ankommer ock på Gouverneuren tillika med bemälte Tjenstemän at antaga erforderlig Tull- Accis- och Upbörds-Betjening, som förses med Constitutorialer, i Gouverneurens namn utfärdade; åfwensom i händelse någon af samma Betjening sedermera förwerkar det honom således updragne förtroende, Gouverneuren då, jemte de honom i berörde måtto til biträde warande Tjenstemän, må åga, at en sådan Tull- Accis- eller Upbörds-Betjent ifrån syslan skilja; Och bör, i afseende på Gouverneurens och de honom til biträde warande Tjenstemäns befattning med wården och inseendet öfwer Upbörden, samt deras rättighet at til- och afsätta Betjeningen derwid, förhållas på lika sätt, som i anseende til andre Oeconomie-måls afgörande i 2. §. är stadgadt och föreskrifwit, så at i händelse skiljaktighet i meningarne emellan Gouverneuren och bemälte

Tjenste-

Tjenstemän angående förekommande frågor om Upbörds-Werket samt Betjeningens derwid til och afsättande sig yppar, beslutet altid werkställes efter Gouverneurens mening, men det deröfwer hållne Protocoll insändes i underdånighet til Oß med första säkra lägenhet.

11. §.

De Allmänna medlen böra förwaras i en Jernkista, stäld uti något i Gouverneurens hus befinteligt säkert rum, och försedd med flere särskilte lås, hwartil Gouverneuren, Justitiarien och Gouverneurens Secreterare, hwilka för deße medel answara, skola hafwa hwar sin nyckel.

12. §.

Alla Protocoller, hwilka så wäl hos Gouverneurs Embetet öfwer Police och Oeconomie-mål, som hos Domstolen öfwer förehafde Justitiæ-Ärender blifwa hädanefter hållne, samt icke äro af den beskaffenhet, at de, enligt hwad ofwan föreskrifwit är, genast skola inskickas, äfwensom alla Räkenskaper med dertil hörande verificationer för influtne publique inkomster å S:t Barthelemy, böra för hwarje år inom sex månaders förlopp efter samma års slut genom Gouverneurens försorg til Swerige öfwersändas, de förstnämnde eller Protocollerne, til Wårt Justitiæ-Cantzlers-Embete, och Räkenskaperne til Wårt och Rikets Kamar-Collegium, för at derifrån aflemnas til Wår och Rikets Kamar-Rätt, at derstädes genomses och behörigen granskas.

13. §.

För öfrigt hafwa så wäl Inwånare på denna Ö, som de, hwilka eljest för sin handels, eller andre ärenders skuld dit ankomma, at af Gouverneuren derstädes njuta all den handräckning och det biträde, som de skäligen kunna äska, och han, enligt sin Instruction, lemna kan. Det B alle,

alle, som wederbör, hafwe sig hörsammeligen at efterrätta. Til yttermera wißo hafwe Wi detta med Egen hand underskrifwit och med Wårt Kongl. Sigill bekräfta låtit. Beckaskog den 15 October 1805.

GUSTAF ADOLPH.

(L.S.)

M. Rosenblad.

Document 11

Royal Proclamation
on the West India Company's concession
expiring at the end of this year, as well as
on West Indian trade and shipping

22 May 1805

Kongl. Maj:ts
Nådiga
Kungörelse,

At West-Indiska Compagniets Privilegium uphör wid detta års slut, såsom ock angående West-Indiska Handelens och Sjöfartens idkande.

Gifwen Stockholms Slott den 22 Maji 1805.

Cum Gratia & Privilegio S:æ R:æ Maj:tis.

STOCKHOLM, Tryckt i Kongl. Tryckeriet, 1805.

WI GUSTAF ADOLPH
med Guds Nåde Sweriges, Göthes och Wendes Konung ꝛc. ꝛc. ꝛc. Arfwinge til Dannemark och Norrige, Hertig til Schleßwig Hollstein ꝛc. ꝛc.

Göre weterligt det Wi funnit för godt i Nåder stadga och förordna, at det för Swenska West-Indiska Handels-Compagniet den 31 October 1786 utfärdade Privilegium, hwilket endast tils widare warit förlångdt, skal med detta års slut uphöra, samt at Handelen och Sjöfarten på Sen S:t Batthelemy, West-Indien och Norra America måge af alla til utländsk handel berättigade Swenske Undersåtare idkas, under enahanda wilkor och förmoner, som för den enskilta Handelen hittils warit utstakade, dock med tilläggning af en sådan nederlags-frihet, som uti 10. och 11. §. §. af förenämde Privilegio warit West-Indiska Compagniet förund, så wäl för Waror, införskrefne från utrikes orter til den West-Indiska Handelens och Sjöfartens behof, emot erläggande af En fjerdedels procent i Recognition wid utförseln, som för de hemkommande laddningar, emot en lika Recognition wid utförseln til utrikes orter, sträckande sig dock denna Nederlags-frihet endast til Städerne Götheborg och Carlshamn, der nederlag redan äro inrättade, samt til Stockholm, der General Tull-Arrende-Societetens Fullmägtige äga widtaga de föreskrifter och säkerhetsmått, som til mißbruks förekommande finnas nödiga. Det alle, som wederbör, hafwa sig hörsammeligen at efterrätta. Til
ytter=

yttermera wißo hafwe Wi detta med Egen Hand underskrifwit och med Wårt Kongl. Sigill bekräfta låtit. Stockholms Slott den 22 Maji 1805.

GUSTAF ADOLPH.

(L.S.)

M. Rosenblad.

Document 12

**The Swedish government
and the National Board of Commerce
proclamation concerning administration
of goods which from private trade invoices are
imported from the West Indies and North America**

6 May 1806

Kongl. Maj:ts och Rikets
Commerce-Collegii
Kungörelse,
Angående
Försäljning af waror, som för enskildte Handlandes räkning införas från Westindien och Norra America.

Gifwen Stockholm den 6 Maji 1806.

Cum Gratia & Privilegio S:æ R:æ Maj:tis.

STOCKHOLM, Tryckt i Kongl. Tryckeriet, 1806.

Wi, JOHAN LILJENCRANTS, Friherre, f. d. Riks-Råd, Président i Kongl. Maj:ts och Rikets Commerce-Collegio, Commendeur af alla Kongl. Maj:ts Orden, samt Ordens Vice-Cantzler; Så ock Vice-Président, Riddare af Kongl. Nordstjerne-Orden, Commerce-Råd och Assessorer; Göre weterligt: At, sedan til följe af Kongl. Maj:ts Nådiga Kungörelse den 22 Maji förledit år, Handeln och Sjöfarten på Ön S:t Barthelemy, Westindien och Norra America blifwit med wißa wilkor och förmoner lemnad fri och öppen för alla Kongl. Maj:ts til utländsk handel berättigade Undersåtare, med rättighet til en sådan nederlagsfrihet, som uti 10. och 11. §. §. af Swenska Westindiska Compagniets Privilegium under den 31 October 1786 blifwit bemälte Compagnie tillagd; så har Kongl. Maj:t i Nåder funnit godt tillåta, at enskilde Handlande, som idka handel på nämde Orter, måge, wid hitbragte laddningars försäljande på allmän Auction, tils widare få nyttja Mäklare eller någon annan edswuren publique Tjensteman, samt för slike Auctioner wara frie från

all

all annan afgift eller kostnad, än det arfwode, hwarom med Auctionisten för des beswär kan blifwa betingadt. Hwilket, efter Kongl. Maj:ts Nådiga befallning uti Skrifwelse den 10 sistledne April, härigenom kungöres til wederbörandes underdåniga efterrättelse. Stockholm den 6 Maji 1806.

På Dragande Kall och Embetes wägnar

J. LILJENCRANTS.

J. E. NIBELIUS. C. D. GYLLENBORG. J. J. LJUNGGREN.
L. ROSENBORG. C. LEVNGREN. I. OSÆNGIUS H. BRANDEL.
S. J. CHIERLIN. O. WIDEGREN J. W. BROHMMER C W. STRALL.
J. HERTZMAN. S. J. WIGIUS. GAB. HAGERT. O. ZENIUS.

C. Klintberg.

Document 13

The Swedish government regulations concerning the administration of the island of St. Barthélemy

25 September 1811

Kongl. Maj:ts

Förnyade Nådiga

Reglemente

Hwarefter

Styrelsen af Ön S:t Barthelemy kommer at tils widare förwaltas och utöfwas.

Gifwit Drottningholms Slott den 25 September 1811.

Decret

Portant

Organisation du Gouvernement de l'Ile de S:t Barthelemy.

Donné au Chateau de Drottningholm le 25 Septembre 1811.

Cnm Gratia & Privilegio S:æ R:æ Maj:tis.

Stockholm, tryckt i Kongl. Tryckeriet, 1811.

Wi CARL med Guds Nåde Sweriges, Göthes och Wendes Konung 2c. 2c. 2c. Arfwinge til Norrige, Hertig til Schleßwig Hollstein 2c. 2c. Göre weterligt: At aldenstund hos Oß i Nådigt betraktande kommit, hurusom det för Styrelsen af Ön S:t Barthelemy under den 15:de October 1805 utfärdade Reglemente icke nog fullkomligen upfyller hwad Coloniens förelar wid närwarande omständigheter fordra, och Wi således funnit åtskilliga tillägg och förändringar oumgängeliga uti de hittils gällande Stadgar, som bestämma grunderne i allmänhet för Ärendernas förwaltning, och de til särskilda grenar af densamma hörande befattningar och åtgärder; Förden.

CHARLES par la grace de Dieu Roi de Suède, des Goths, et des Vandales, &c. &c. &c. Héritier de Norvège, Duc de Schlesvig Hollstein &c. &c.

Considérant que l'Ordonnance du 15:me Octobre 1805, relative au Gouvernement de l'Ile S:t Barthelemy, ne pourvoit qu'incomplettement à ce qu'exigent les interéts de la Colonie dans les circonstances présentes; Que des additions et des changemens sont indispensables dans les Réglémens organiques des pouvoirs et dans ceux qui fixent leurs attributions et leur compétence,

Nous avons decrété et decrétons ce qui suit:

skull hafwe Wi, til winnande af säkerhet och ordning i deßa delar, pröfwat godt i Nåder bjuda och befalla, det skal dermed hädanefter och tils widare på följande sätt förhållas:

I. Capitlet.
Om Gouverneurs-Embetet.

§. 1.

Den af Oß i Nåder tilförordnade Gouverneuren på Ön S:t Barthelemy åligger:

1:o Besörjandet af alt hwad med de Militaira Ärenderna och Ortens försvar äger gemenskap: Tilkommandes honom således äfwen Befälet öfwer den på Ön förlagde Garnison, ej mindre än öfwer den derstädes uprättade Milice, enär des sammandragande kunde blifwa nödwändigt.

2:o Brefwäxlingen och öfrige åtgärder i de Ministeriella ämnen, som med fremmande Magters Befälhafware förefalla: Ställandes han sig derwid til underdånig efterrättelse den honom i Nåder meddeldta särskilta Instruction.

3:o Befattningen med högre Ordnings-mål til Coloniens wälstånd och trefnad samt lugnets och säkerhetens widmagthållande.

Chapitre I.
Du Gouvernement de l'Ile.

1. §.

L'Officier nommé par Nous pour exercer les fonctions de Gouverneur dans l'Ile de S:t Barthelemy est chargé:

1:o De la gestion de toutes les affaires militaires, de la défense de l'Ile, du commandement en Chef des Troupes de la Garnison, et des milices dans le cas qu'elles seraient levées.

2:o De la correspondance et des relations à entretenir, d'après les Instructions ministérielles, avec les Commandans des puissances étrangères.

3:o De la haute police pour la conservation de la Colonie, le maintien du bon ordre et de la tranquillité.

§. 2.

Gouverneuren skal hafwa under sig en Place-Major, som tillika är hans Adjutant och Chef för hans Militair-Expedition. Wid alla tilfällen då Gouverneuren är frånwarande, eller af sjukdom eller annat laga förfall hindrad, förrätte denne Embetsman de til Gouverneurs-Embetet hörande göromål.

§. 3.

Gouverneuren kommer at inför Oß sin Ed aflägga.

II. Capitlet.
Om Lagstipningen.

§. 4.

Lagstipningen och Justitiæ-Ärenderna i allmänhet beförjas af en Conseil, sammansatt af 7 Ledamöter, nemligen: Gouverneuren såsom Ordförande, Justitiarien, Place-Majoren, Gouvernements-Secreteraren samt 3:ne erfarne, pålitlige och ansedde Män, som Öns Inwånare sjelfwe äga, på sätt hittils skett, at inom sig utse och wälja: Kommandes alle denna Conseils Ledamöter at först aflägga Domare-Eden, innan dem, såsom Domare, någon handläggning wid berörde Ärenden må tillåtas.

§. 5.

Uti Domstolen kunna mål pröfwas och afgöras af Fem Ledamöter, Justi-

2. §.

Le Gouverneur aura sous ses ordres un Major de place, qui sera en même tems son Adjudant et le Chef de son bureau militaire; En cas d'absence, de maladie ou de tout autre empêchement légitime, cet Officier le remplacera dans les fonctions de Gouverneur.

3. §.

Le Gouverneur prête serment entre Nos mains.

Chapitre II.
De l'administration de la justice.

4. §.

L'autorité judiciaire sera exercée par un Conseil composé de 7 Membres, savoir: du Gouverneur, en qualité de Président, du Commissaire de Justice, du Major de Place, du Secrétaire du Gouvernement; les trois autres choisis par les habitans de la manière accoutumée.

Avant d'entrer en fonctions les membres du Conseil seront tenus de prêter le serment prescrit par les loix.

5. §.

Dans le Conseil, les causes pourront être jugées et les affaires decidées

tiarien inberäknad, så ock af Fyra, der alle äro om beslutet ense. Men när Mål af swårare beskaffenhet, eller som å lif och ära gå, förekomma, böra alla sju Ledamöterne i beslutet deltaga.

par cinq Membres, y compris le Commissaire de Justice, et même par quatre seulement, si les opinions sont unanimes. Dans les cas graves, lorsqu'il s'agira de la vie ou de l'honneur, les Sept Membres devront prendre part à la décision.

§. 6.

Wid inträffande händelser af laga förfall, som i Protocollet böra antecknas, skal Conseilen bringas til här ofwan föreskrifwit domfördt antal på det sätt, at Justitiariens göromål bestridas af Conseilens Notarie uppå dennes eget answar, och at i de öfrige Ordinarie Ledamöternes ställen, andre, alt efter den Class, hwari förfallet sig yppat, bland Öns öfrige Embetsmän eller des bosatte Inwånare, såsom Extraordinarie Ledamöter af Conseilen utses och tilkallas, för at efter aflagd Domare-Ed, sina Säten i Rätten intaga.

§. 6.

Dans les cas d'empêchement constaté, dont mention sera faite dans le jugement, il sera procédé de la manière suivante, pour porter le Conseil au nombre de membres ci-dessus préscrit; Le Commissaire de Justice sera remplacé par le Notaire du Conseil, les autres Membres le seront, selon la classe, dans laquelle la Vacance s'est déclarée, par des fonctionnaires ou autres habitans domiciliés, au choix des Membres présens: Ces Conseillers temporaires seront tenus de prêter serment avant d'entrer en fonctions.

§. 7.

För Justitiæ-Ärendernas pröfning och afgörande åge Conseilen at följa de Swenska Lagar och Författningar, som til det förewarande ämnet finnas lämplige. Men skulle Ärenden förekomma, i afseende på hwilka Författningarne icke innehålla någon uttrycklig föreskrift eller et, efter sakens beskaffen-

§. 7.

Dans le jugement et la décision des affaires, le Conseil suivra les loix et les ordonnances Suedoises dans tous les cas où elles seront applicables, et s'il s'en présentait qu'elles n'eussent pas prévu, il se réglera provisoirement d'après les Statuts et les usages observés antérieurement dans les Antilles et

het, för denna Colonie anwändbart stadgande, rätte sig då Conseilen til widare efter de Reglor och stadgade sedwanor, som förut warit å de Westindiska Öarne, särdeles på S:t Barthelemy, antagne til efterlefnab.

§. 8.

Kunna de, som Domstolen utgöra, efter öfwerläggning om et mål, ej alle om slutet sig förena, gånge Dom i saken efter de flestes yttrande. Äro rösterne å hwardera sidan lika många, gälle i Civila Mål den mening som den främste i Rätten biträder, och i Brottmål deras som fria eller den lindrigast är.

§. 9.

Uti Conseilens Utslag och Domar äge ingen ändring rum, undantagande i Brottmål som å lif och ära gå, samt i Civila mål, när wärdet af det omtwistade öfwerstiger Trehundrade Spanska Silfwer-Daler. I de förstnämde eller swårare brottmål understålles Domen Wårt Nådiga ompröfwande, äfwensom ej någon må betagas at i så beskaffade ämnen, hos Oß underdåniga beswär anföra, eller ock om Nåd anhålla. I Civile Mål af förenämnde egenskap njute den tappande sin beswärsrätt til godo, i den ordning som här nedan stadgas: Och hwile endast i bägge deße fall, werkställigheten af Conseilens beslut.

particulierement dans l'Ile de S:t Barthelemy.

§. 8.

Les affaires seront décidées à la pluralité des voix; En cas de partage, l'opinion du Président prévaudra en matière civile, et en matière criminelle celle qui sera la plus favorable à l'accusé.

§. 9.

Les jugemens du Conseil seront exécutés immédiatement et sans appel, excepté en matière criminelle, lorsqu'il ira de la vie ou de l'honneur, et en matière civile, quand la valeur de la chose contestée excédera 300 Piastres Espagnols.

Dans le premier cas, l'arrêt devra être soumis à Notre approbation, & ainsi que dans le second cas, le Condamné aura le droit d'appel dans les délais et en observant les formalités dont il sera parlé ci après. L'Appel sera suspensif.

§. 10.

J brottmål böra sådane Beswär och Nådansökningar, inom fjorton dagars tid, räknadt från den dag då Domen aftunnades, inlemnas til Conseilen, som deröfwer infordre wederbörandes förklaring, hwilken inom åtta dagar derefter skal afgifwas: Åliggandes det sedermera Conseilen at Beswären eller Böneskriften, jemte Förklaringen samt Ransakningen och Domen til Wår Justitiæ-Revision insända.

§. 11.

Hwad åter Civile Målen angår, må, enär på sätt förenämndt är, det omtwistades wärde öfwerstiger Trehundrade Spanska Silfwerdaler, den tappande, sist inom åtta dagar efter det Domen eller Utslaget fallit, hos Conseilen anmäla, at han deruti wil söka ändring, hwartil klaganden, utan någon afgifts erläggande, bör lemnas tilstånd, med anwisning tillika af behörig Ort, då det widare honom tilhör at inom ytterligare fjorton dagar, den oberäknad då han anwisningen erhöll, hos Conseilen ingifwa sin Inlaga och alla saken rörande Handlingar, som genast deruppå meddelas swaranden, hwilken inom åtta dagar efter undfåendet deröfwer aflemne sin Förklaring: Skolandes slutligen altsamman af Conseilen insändas til Wår Justitiæ-Revision.

§. 10.

En matière criminelle les requétes en révision et en grace devront être, dans les quinze jours après la Sentence, remises au Greffe de la Cour, par le ministère de la quelle elles devront être notifiées à qui de droit, avec sommation de repondre dans la huitaine suivante: Ce délai expiré le tout devra être transmis à Notre Chancellerie de Justice avec les pièces de la procédure et la Sentence.

§. 11.

En matière Civile, quand la valeur de la chose jugée excédera 300 Piastres, si la partie condamnée veut se pourvoir en Cassation, elle sera tenue d'en faire la déclaration au Greffe de la Cour, huit jours au plus tard après la sentence.

Cette Déclaration sera reçue et enregistrée sans consignation d'aucune somme quelconque.

Dans les quinze jours suivants, le déclarant devra remettre au Greffe de la Cour sa requête en Cassation; Elle sera signifiée avec les Pieces jointes au défendeur qui sera tenu de repondre dans la huitaine, à l'expiration de laquelle le tout sera transmis à Notre Chancellerie de Justice.

§. 12.

För Domens eller Utslagets fullgörande ställe sökanden likwäl först full borgen, eller sådan säkerhet, som pröfwas deremot swara.

§. 13.

Klagandens Beswär, äfwensom swarandens Förklaring, skola wara til Oß i underdånighet stälde.

§. 14.

Försummas något af hwad härutinnan är förestrifwit, gånge Domen eller Utslaget i werkställighet, utan at widare någon ändring deruti sökas må.

§. 15.

Efter de underdåniga Beswärsskrifter, som til Conseilen inlemnas, böra altid bewis til parterne utfärdas då de sådant forbra.

III. Capitlet.
Om Civile Förwaltningen.

§. 16.

Conseilen, sammansatt som nästföregående Capitel stadgar, äge derjemte den Civila förwaltningen och förordne i alla ämnen som röra Ens Economie och Police.

§. 17.

Ärenderne afgöres efter de flesta rösterne: Gouverneurens eller Ordföran-

§. 12.

L'appelant sera tenu de fournir Caution solvable pour la valeur de la chose contestée ou des suretés équivalentes.

§. 13.

L'appelant dans sa requête et l'intimé dans sa reponse, s'adresseront à Nous.

§. 14.

A defaut de remplir les formalités et les conditions ci-dessus préscrites, la requête en Cassation sera rejettée et la sentence exécutée.

§. 15.

Les Parties pourront exiger une reconnaissance des requêtes, plaintes et griefs quelles remettront au Conseil.

Chapitre III.
De l'Administration Civile.

§. 16.

Le Conseil composé, comme il est dit dans le Chapitre précédent, exercera l'Autorité Administrative dans l'Ile. Il statuera sur toutes les affaires de Police et d'Economie.

§. 17.

Les affaires seront décidées à la pluralité des voix; celle du Gouverneur ou

dens, hwem han wara må, gälle dock härwid altid för twå, och ware desutom afgörande, då meningarne befinnas lika delade. Conseilen anses i alla deß Mål för fullsuten, enär sem Ledamöter, deribland Gouverneuren, eller i hans ställe, Place-Majoren, äro tilstädes. I händelse de bägge hindras at öfwerläggningen biwista, före Justitiarien ordet.

§. 18.

För afgörandet af deßa mål och wid bestämmandet af grunderne för besluten, bör iakttagas och följas hwad gällande Författningar föreskrifwa, samt i öfrigt hwad hittils sstigt warit, så widt det til förekommande omständigheter kan pröfwas lämpligt och med billighet och god ordning står at förena. Skulle Conseilen finna nödwändigt och nyttigt at widtaga och anwända några nya bruk och författningar, må beslutet derom winna full kraft om af de sju Ledamöter sem utgöra Conseilen, och hwilke i sådant fall, alle böra wara tilstädes, fem äro för antagandet; hwartil skälen skola i Protocollet antecknas. Alt sådant skal wäl af Gouverneuren genast til Oß i underdånighet inberättas och Wår Nådiga pröfning underställas, men kommer icke des mindre at gälla til allmän efterföljd, intildes Oß kunde täckas derutinnan göra någon ändring.

du Président, quel qu'il soit, comptera pour deux; son opinion sera décisive en cas de partage. Cinq Membres au moins devront prendre part aux arrêtés; en cas d'empêchement, le Gouverneur sera remplacé par le Major de la Place et ce dernier par le Commissaire de Justice.

§. 18.

Les Arrêtés du Conseil seront basés sur les édits et l'usage constamment suivi. Si les circonstances rendaient de nouveaux Statuts utiles et nécessaires, ils pourront être mis en vigueur par une resolution de tous les Membres du Conseil réunis; et sur Sept dont il est composé cinq devront être pour l'adoption, dont les motifs seront inscrits au Protocole.

Le Gouverneur soumettra sans délai ces nouveaux Statuts à Notre approbation; en attendant ils seront exécutés selon leur forme et teneur.

§. 19.

Sådane Police ärenden, som fordra skyndsam åtgärd, må af Gouverneuren kunna befordras til werkställighet; äfwensom Expeditioner i de Economiske ämnen, hwilka, utan hinder i handel och rörelse, något uppskof icke medgifwa, såsom Sjöpaß, Borgarebref, Slafwars Fribref, Förordnanden til besigtning å Sjöskador i Avarie-mål och dylika, kunna af Gouverneuren och Justitiarien gemensamt, uti Conseilens namn utfärdas; Wälförståendes at, i alla deßa fall, de gällande Författningarne äro för tillämpningen tydliga och klara: Börandes altid hwarje dylik åtgärd wid Conseilens först inträffande sammanträde anmälas och i Protocollet intagas.

§. 20.

Den med Conseilens Utslag i Police- eller Economie-mål mißnöjde parten må, änskönt Utslaget i werkställighet går, likwäl äga rätt at hos Oß underdånigaga Beswär anföra; Hwarwid, så wäl för anmälandet i Conseilen af klagandens mißnöje och Beswärens ingifwande derstädes, som i afseende på Conseilens widare befattning härmed, iakttages hwad, rörande Beswär i Civila mål, härofwan i Andra Capitlet stadgas, endast med den förklaring, at Beswärshandlingarne böra insändas til Wår Handels- och Finance-Expedition.

§. 19.

Le Gouverneur pourra statuer seul sur les affaires de Police qui exigent une prompte décision; il aura aussi le droit dans les cas ou les délais pourraient compromettre les interêts du Commerce, d'expédier au nom du Conseil, mais conjointement avec le Commissaire de Justice, et sans pouvoir s'écarter de l'esprit des ordonnances, les Lettres de Mer, les lettres de Bourgeoisie, celles d'affranchissement d'esclaves, les brevets de Commission pour estimer les avaries, et autres Ces differents Actes devront être rapportés à la première Séance du Conseil et enrégistrés au Protocole.

§. 20.

En matière de Police, l'appel d'un jugement ne sera pas suspensif; la partie mécontente pourra toutefois Nous adresser ses plaintes et griefs. Les formalités prescrites par l'Article II. seront alors observées, avec la seule différence que les Actes devront être envoyés à Notre Secrétaire d'Etat de Commerce et des Finances.

B 2

§. 21.

En särskild Comité, bestående af Ellofwa Ledamöter, dem Öns Innewånare bland sig utwälja, skal hwart tredje år sammankomma, för at öfwerlägga om hwad til Öns allmänna fördel anses bidraga, och föreslå de förbättringar som i förwaltningen kunna finna rum.

Om deße Ledamöters wäljande, tiden för deras sammanträden, och den, inom hwilken de hwarje gång böra hafwa fullbordat sina arbeten, samt ordningen wid öfwerläggningarne m. m. wele Wi et särskilt Reglemente i Nåder utfärda.

Denna Comité kan äfwen deßemellan sammankallas af Conseilen, enär Extraordinaira omständigheter sådant skulle fordra: Men deß öfwerläggningar skola då inskränkas til de ämnen som föranledt deß sammankomst.

§. 22.

Hwad Comitén hemställer skal öfwerlemnas til Conseilen, som äger at det, jemte egit utlåtande, til Stats-Secreteraren för Handels- och Finance-Ärenderne insända, för at blifwa Oß i underdånighet föredragit.

§. 21.

Un Comité spécial composé de onze Membres, nommés par les habitans, s'assemblera une fois chaque trois ans pour délibérer sur les interêts généraux de l'Ile, et présenter les projets d'amelioration dont il croira l'administration susceptible.

L'élection des Membres de ce Comité, l'époque de sa convocation, la durée de ses Séances & l'ordre de ses délibérations, seront reglés & statués par Nous dans un Reglement particulier. Ce Comité pourra être réuni extraordinairement par le Conseil, mais il ne pourra alors délibérer que sur l'objet qui aura motivé sa convocation.

§. 22.

Les délibérations du Comité spécial seront remises au Conseil qui les transmettra avec son avis à Notre Sécretaire d'Etat de Commerce et des Finances, pour être ordonné par Nous ce qu'il appartiendra.

IV. Capitlet.
Om Drätseln, samt Upbörden och Redogörelsen.

§. 23.

Förwaltningen af Ens Intrader åligger Gouverneuren, Place-Majoren, Justitiarien och den som Conscilens 3:ne bland Inwånarne walde Ledamöter sig emellan dertil utse; De äga at antaga och förse med Constitutorial alla Tjensteman wid Tullwerket och den öfrige Upbörden, samt hafwa närmaste wården och answaret, så wäl at deße Tjenstemän noga upfylla åliggande skyldigheter, som at Wåre och Kronans inkomster på förestrifwit sätt å rätta terminer inflyta, och på behörigt sätt anwändas.

§. 24.

I alla hit hörande mål äge Gouverneuren, likasom i Economie-Ärenden, Twänne Röster, så at altid hans mening blifwer gällande, då er af Ledamöterne är med honom ense; Börandes likwäl det wid sika omröstningar af Gouvernements Secreteraren författade Protocoll til Oß i underdånighet insändas.

§. 25.

Ens Allmänna Inkomster bestämma genom särskilte Wåre Nådiga Författnin-

Chapitre IV.
Des Finances et du Trésor.

§. 23.

Le Gouverneur, le Major de la place, le Commissaire de justice, et celui que choisiront entre eux les trois deputés des habitans au Conseil, seront chargés de l'administration des finances, ils nommeront et bréveteront les receveurs & préposés des Douanes de l'accise & des tailles, ils inspecteront et surveilleront la gestion de ces employés, ils seront responsables du recouvrement des impôts dans les délais préscrits et de l'emploi des deniers.

§. 24

En Conseil de Finance, le Gouverneur aura deux voix, ainsi que dans les affaires d'administration, en sorte que son opinion prévaudra lorsqu'un des Membres sera d'accord avec lui, mais dans ce cas un extrait du protocole devra Nous être adressé.

§. 25.

Le budget ou état de la recette et de la dépense sera arrêté par Nous;

gar: Deß Utgifter enligt Wår utfärdade Nådiga Stat. Ej må uti någondera delen förändringar äga rum, så framt icke högst bewekande omständigheter dertil föranleda; hwarmed då förhålles på sätt 18. §. utstakar.

Le Conseil ne pourra y faire aucun changement à moins de circonstances extrêmement urgentes, et dans ce cas ce qui est prescrit par l'Art. 18 devra être observé.

§. 26.

Under hwad slags förewändning som hålst, må icke i annan händelse än den näftföregående §. omförmäler, någon Ordinaire eller Extraordinaire afgift påbjudas eller uttagas, utöfwer hwad de gällande Författningar derom innehålla.

§. 26.

Sous aucun prétexte, nulle contribution directe ou indirecte ne pourra être perçue au delà de ce qui sera fixé par les mandements et ordonnances, si ce n'est dans le cas prévu dans l'Article précédent.

§. 27.

Embets- och Tjensiemän på Än ware förbudet at til öfwerstridande belopp fordra eller emottaga hwad under Cansli-Gebühr, Expeditions-lösen eller andre, til wederbörandes bättre utkomst anslagne, särskilda afgifter utgå bör.

§. 27.

Defenses expresses sont faites aux fonctionnaires publics d'exiger en frais d'expédition, droits de Chancellerie et autres, une retribution plus forte que celle qui leur est accordée par les Reglements.

§. 28.

Eho som öfwerträder hwad i näftsföregående 2:ne puncter stadgas, miste tjensten och stånde det straff Lagen för sådant brott utstakar, samt återgifwe dessutom hwad olagligen blifwit uppburit, jemte ränta derå, och gälde den skade-ersättning Domaren pröfwar skäligt ålägga.

§. 28.

Les fonctionnaires et employés quelconques qui seraient convaincus de contravention aux dispositions des deux articles précédents, seront déstitués et punis comme concussionnaires, en outre condamnés à l'amende et à la restitution de la somme illégalement perçue et au payement des dommages intérêts, s'il y à lieu.

§. 29.

Hwarje månad författes et Sammandrag öfwer Dhs Inkomster och Utgifter, som på Titlar, efter bådas beskaffenhet, wisar en ordentlig reda för penninge-förwaltningen; Hwilket Sammandrag, inom den 15:de i följande månaden, af Räkenskapsföranden behörigen undertekadt, skal, för den förflutna, i Conseilen företes och läggas til des Protocoll, deruti jemwäl de erinringar skola intagas, som Conseilens Ledamöter då skola wara berättigade och skyldige at derwid göra, enär de tro sig dertil äga anledning.

§. 30.

En tillika afskrefwen Copie af detta Sammandrag påtekas, af yngsta Ledamoten i Conseillen, dagen då det der blifwit upwist, hwarefter det, antingen riktigt befunnit, eller med anmärkningar, som från Protocollet utskrifwas, bilägges Redogörelsen.

§. 31.

Redogörelsen för Dhs Drätsel bör, med dertil hörande verificationer, för hwarje år, inom sex månaders förlopp efter detsammas slut, så wida omstän-

§. 29.

Chaque mois il sera dressé un état raisonné et sommaire des recettes et dépenses. Cet état signé par le Teneur de livres, sera mis sous les yeux du Conseil dans la première quinzaine du mois suivant, et annexé au protocole, sur lequel seront inscrites les observations auxquelles il donnera lieu.

§. 30.

Une Copie de l'état dont il est parlé dans l'article précédent, et sur laquelle le dernier Membre du Conseil annotera le jour où il aura été produit, sera jointe au Compte avec le relevé des observations inscrites au protocole.

§. 31.

Dans les six mois après la fin de chaque année les comptes de la recette et de la dépense, avec les pieces justificatives à l'appui, seront adressés,

digheter af krig eller afbruten communication med Moderlandet icke skulle derföre lägga oöfwerwinneliga hinder, genom Gouverneurens försorg, til Wår Handels- och Finance-Expedition insändas, för at efter Wår egen meddelande Nådiga befallning blifwa til behörig granskning befordrad.

à moins d'obstacles insurmontables, par les soins du Gouverneur, à Notre Sécretaire d'Etat de Commerce et des Finances, pour être examinés et par Nous arrêtés définitivement.

§. 32.

De allmänna medlen förwares uti en Jernkista, ställd uti något i Gouverneurens Hus befintligt säkert rum, och försedd med fyra lås, hwartil Gouverneuren, jemte oftanämnde för medlen answarige Ledamöter, skola hafwa hwar sin nyckel; Ägandes de äfwen at til Hufwud-Räkenskapens förande förordna den person af Betjeningen, som de dertil skickligast finna.

§. 32.

Le Trésor sera placé dans la maison du Gouverneur et renfermé dans un coffre de fer à quatre serrures, dont chacun des Membres du Conseil de Finance aura la Clef. Le Conseil nommera celui des employés qu'il en jugera le plus capable pour la tenue des livres, la formation des états de recette et de dépense et ceux à dresser pour la reddition du comte général.

V. Capitlet.

Allmänna Föreskrifter.

§. 33.

Uti Justitie-mål före Conseilen Titel af Domstol, i Police- och Economie-ärenden af Regerings-Conseil, samt i alla ämnen, som röra allmänna medlens förwaltning, af Finance-Conseil.

Chapitre V.

Dispositions Générales.

§. 33.

En matière judiciaire, le Conseil prendra le titre de Cour de Justice, en matière de Police et d'administration celui de Conseil de Gouvernement, et en matière de finance celui de Conseil de Finance.

§. 34.

Uti mindre betydliga mål, vare sig af hvad art som helst, må Conseilen, på sätt förut tillåtits, sit beslut muntelingen afsäga och genom Utdrag af Protocollet parterne meddela; men i ämnen af större wigt åligge Conseilen at, efter föregående anslag, afkunna Dom eller Resolution, hwilka, ej mindre än Conseilens Protocoll, böra underskrifwas af Ordföranden och Rättens Ledamöter, samt af Notarien, som Protocollet fört, contrasigneras.

§. 35.

De til Fäderneslandet afgående expeditioner undertekns af Gouverneuren allena i Militaire och Ministerielle ärenden samt högre Ordningsmål, men tillika af Justitiarien i alla öfriga, å Conseilens wägnar, samt contrasigneras i förra fallet af Gouvernements-Secreteraren, men gemensamt af denne och Notarien i Conseil-målen.

§. 36.

Alla til Swerige ifrån Ön afgående Expeditioner skola med första säkra lägenhet befordras. I ämnen af särdeles wigt utfärdes deraf 3:ne exemplar, som med särskilda lägenheter afsändes.

§. 34.

Dans les affaires de peu de conséquence, de quelque nature qu'elles soient, le Conseil pourra statuer verbalement; il lui suffira de faire notifier aux parties un extrait du Protocole: mais dans les affaires plus importantes, il fera prononcer, au jour indiqué d'avance, les sentences et les résolutions, qui delivrées aux parties devront être signées de même que le protocole par les Membres présents à la Séance, et contresignées par le Notaire qui aura dressé le Protocole.

§. 35.

Les Expéditions pour la Mère-Patrie seront signées en affaires militaires, ministérielles et de haute Police, par le Gouverneur seul et contresignées par le Secrétaire du Gouvernement; en toutes autres affaires elles seront signées au nom du Conseil par le Gouverneur et le Commissaire de Justice et contresignées par le Secrétaire du Gouvernement et par le Notaire.

§. 36.

Les expéditions pour la Mère patrie ne seront adressées que par des occasions bien sures, elles le seront par triplicata lorsque leur objet sera d'une importance majeure.

Det alla som wederbör til underdånig efterrättelse lånder. Til yttermera wißo hafwe Wi detta med Egen Hand underskrifwit och med Wårt Kongl. Sigill bekräfta låtit. Drottningholms Slott den 25 September 1811.

Under Min Allernådigste Konungs och Herres sjukdom, Efter Des förordnande

CARL JOHAN.

(L. S.)

En foi de quoi Nous avons signé les présentes de Notre propre Main et y avons fait apposer Notre Sceau Royal. Donné en Notre Chateau de Drottningholm le 25 Septembre 1811.

Pendant la Maladie de Mon Très Gracieux Roi & Souverain, D'après Son Autorisation

CHARLES JEAN.

(L. S.)

G. F. Wirsén.

G. F. Wirsén.

Document 14

The Swedish government and the
National Board of Commerce
proclamation concerning
what will be observed there on account of
residents on the island of St. Barthélemy
sailing to America and the West Indies

17 February 1814

Kongl. Maj:ts och Rikets Commerce-Collegii Kungörelse,

Angående

Hwad iakttagas bör i anseende til Innewånarnes å S:t Barthelemy Segelfart på America och Westindien.

Gifwen i Stockholm den 17 Februarii 1814.

———

Cum Gratia & Privilegio S:æ R:æ Maj:tis.

Stockholm, Tryckt i Kongl. Tryckeriet 1814.

Wi, ABRAH. N. EDELCRANTZ, Président uti Kongl. Maj:ts och Rikets Commerce-Collegium, Commendeur af Kongl. Nordstjerne-Orden, En af de Aderton i Swenska Academien; så ock Vice Président, Riddare af Kongl. Nordstjerne-Orden, Commerce-Råd och Assessorer; Göre weterligt: At, sedan hos Kongl. Maj:t blifwit i underdånighet anmäldt, at i anseende til främlingar, som på Ön S:t Barthelemy söka Naturalisation antingen för så kallade mindre Näringar eller för Sjöfarts idkande i egenskap af Skeppare, Regerings-Conseillen derstädes under den 10:de Julii 1812 faststält,

1:o At åfwen den mindre Naturalisationen icke finge af någon främmande Magts Undersåte på Ön S:t Barthelemy erhållas, utan at sökanden dertil gjort sig qualificerad, genom år och dags nästforutgående bosättning och wistande på stället, eller ock des anwändande i Swensk tjenst, och

2:o At alla födde eller Naturaliserade Swenske Undersåtare, som derefter och senast warit såsom Undersåtare af någon främmande Magt i des tjenst, antingen i egenskap af Skeppare eller i annan wåg brukade, skola wara förbundne, at innan de såsom Borgare å Ön S:t Barthelemy kunna anses, til Kongl. Maj:t aflägga eller förnya deras Tro- och Huldhets-Ed och Naturalisations-Bref uttaga; men at, ehuru de äro berättigade at genast wid ankomsten berörde mindre Naturalisation winna, dock först efter år och dag efter deras ankomst til Ön anses qualificerade til den större Natuturalisation för Köpmän och Skepps=Redare, så wida något annat i Kongl. Maj:ts Nådiga Författningar grundadt hinder deremot sig ej företedde;

Och Kongl. Maj:t under den 3:dje Martii sistledit år funnit godt i Nåder tillåta, at Swenske Handels-Agenterne i Norra America, måge för de Fartyg, som derstädes inköpas af på Ön S:t Barthelemy bosatte och derstädes behörigen Naturaliserade samt til Handel och Sjöfart berättigade Inwånare, utfärda Certificater och Paß, och at deße Fartyg sedermera, i följe deraf, måge på nämnde Ö så förses med wanlige Skepps=Documenter til idkande af Handel och Sjöfart på Norra America och West-indien; men at derwid likwäl med noggranhet bör iakttagas, at inga andre af Öns Inwånare måge såsom derstädes Naturaliserade och til Handel och Sjöfart berättigade anses, än de hwilka til alla delar upfyllt de af Kongl. Maj:t i Nåder gillade wilkor, som under den 10:de Julii nästlidit år, blifwit på ofwanberörde sätt fastställde, jemte hwad öfrige på Ön gällande Författningar i detta affeende stadga;

Så har Kongl. Maj:t behagat, genom Nådig Skrifwelse den 17:de sistlidne November, förklara, ej allenast, at de Sjö-Paß, hwilka af Gouverneuren i S:t Barthelemy utfärdas, skola hafwa i sielfwa Papperet intryckte Orden: Sjö-Paß för *S:t Barthelemy;* utan ock at för Handeln på America och Westindien Naturalisations-wilkoren blifwa desamma som hittils, samt at, då et Barthelemiskt Fartyg ankommer til Förente Staterne och antingen der uplägges, eller ej directe återgår til Ön, Swenske Handels-Agenten skal infordra Sjö-Paßet och de til Fartyget hörande samt i Ön utfärdade Documenter och dem til Styrelsen på S:t Barthelemy återsända, derest Fartyget ej wil återigen från America til S:t Barthelemy återwända, i hwilket fall Handels-Agenten skal äga at Handlingarne förwara til des återresan anträdes; samt at Handels-Agenterne i America ej må wara tillåtit, at för de uti förente Staterne af Inwånare på S:t Barthelemy uphandlade Fartyg utdela Certificater åt andre än dem, som med Gouver-
neu-

neurens på S:t Barthelemy bewis kunna styrka, at de, för hwilkas råkning Handeln sker, åro för det närwarande werkelige Borgare på Barthelemy och derstädes bosatte.

Hwilket, til wederbörandes underdåniga efterrättelse, härigenom på Nådig befallning kungöres. Stockholm den 17 Febr. 1814.

På Dragande Kall och Embetes wägnar

A. N. EDELCRANTZ.

H. W. ISERHJELM.　　J. J. LJUNGGREN.　　E. L. ZIBET.
C. LENNGREN.　　C. W. STRÅLE.　　S. N. CASSTRÖM.
J. A. HERTZMAN.　　J. H. PETERSON.　　C. KLINTBERG.
S. J. WIGIUS.　　GABR. HAGERT.　　G. M. DANCKWARDT.
ALEX. WIDELL.　　A. J. WAHLSTJERNA.

A. P. v. Sydow.

APPENDIX
Swedish Trade with Brazil, 1820-21

Document 15

The Swedish government and the
National Board of Trade
proclamation concerning customs duties
for tea, cinnamon, ginger, and pepper
which are imported into Sweden
from Brazil,

1 March 1820

Kongl. Maj:ts och Rikets Commerce-Collegii Kungörelse,

Angående

Tullafgifterne för Thé, Canel, Ingefära och Peppar, som med Swenska Fartyg från Brasilien till Riket införas;

Gifwen i Stockholm den 1. Mars 1820.

―――――――

Cum Gratia & Privilegio S:æ R:æ Maj:ts.

Stockholm, tryckt i Kongl. Tryckeriet, 1820.

Wi, Président och Ledamöter i Kongl. Maj:ts och Rikets Commerce-Collegium; Göre weterligt: Att sedan Kongl. Maj:t uti Nådig Skrifwelse af den 16. sistl. Februarii gifwit Kongl. Collegium tillkänna, det Kongl. Maj:t, till uppmuntran af en directe handels-gemenskap med Brasilien, i Nåder förordnat, att för Thé, Canel, Ingefära och Peppar, som med Swenska Fartyg från Brasilien till Riket införas, högre Tullafgifter ej skola hädanefter erläggas, än för Thé hälften, och för de öfrige Warorna twåtredjedelar af hwad Sjötulls-Taxan såsom hellst Tull för samma Waror utsätter; Så warder sådant, enligt Nådig befallning, härigenom allmänneligen kungjordt, till wederbörandes underdåniga efterrättelse. Stockholm den 1. Mars 1820.

På Dragande Kall och Embetes wägnar

A. N. EDELCRANTZ.

J. J. LJUNGGREN. C. LENNGREN. S. N. CASSTRÖM.
J. A. HERTZMAN. J. A. LEIJONMARCK. S. J. WIGIUS.
G. HAGERT. ALEX. WIDELL. A. J. WAHLSTJERNA.
E. W. BRANDEL. C. J. ÖRNBERG.

A. P. v. Sydow.

Document 16

The Swedish government and the
National Board of Trade
proclamation concerning customs duties
on salt from the Cape Verde Islands
imported by Swedish ships
coming from Brazil,

3 July 1821

Kongl. Maj:ts och Rikets Commerce-Collegii Kungörelse,

Angående

Tullen för Salt, som på Cap Verds Öarne intages af Swenska Skepp, kommande från Brasilien.

Gifwen i Stockholm den 3. Julii 1821.

———

Cum Gratia & Privilegio S:æ R:æ Maj:tis.

Stockholm, tryckt i Kongl. Tryckeriet, 1821.

Wi, Chef och Ledamöter uti Kongl. Maj:ts och Rikets Commerce-Collegium; Göre weterligt: Kongl. Maj:t har uti Nådig Skrifwelse af den 20. sistledne Junii behagat gifwa Kongl. Collegium tillkänna, det Kongl. Maj:t funnit godt i Nåder tillåta, att Salt, som, till fyllnad i last för Swenska, från Brasilien ankommande Skepp, på Cap Verdes Öarne intages och hit till Riket införes, må förtullas såsom Salt från Portugal, med tillgodonjutande af den lindring i tull, som äger rum för waror, inkommande ifrån Brasilien; Hwilket Kongl. Collegium, på Nådig befallning, skolat till wederbörandes underdåniga efterrättelse kungöra. Stockholm den 3. Julii 1821.

På dragande Kall och Embetes wägnar

C. KLINTBERG.

C. LENNGREN.   S. N. CASSTRÖM.   J. A. HERTZMAN.
J. A. LEIJONMARCK.   S. J. WIGIUS.   G. HAGERT.
ALEX. WIDELL.   A. J. WAHLSTJERNA.   E. W. BRANDEL.
C. J. ÖRNBERG,   A. P. v. SYDOW,

L. S.
J. H. v. Sydow.

19395R